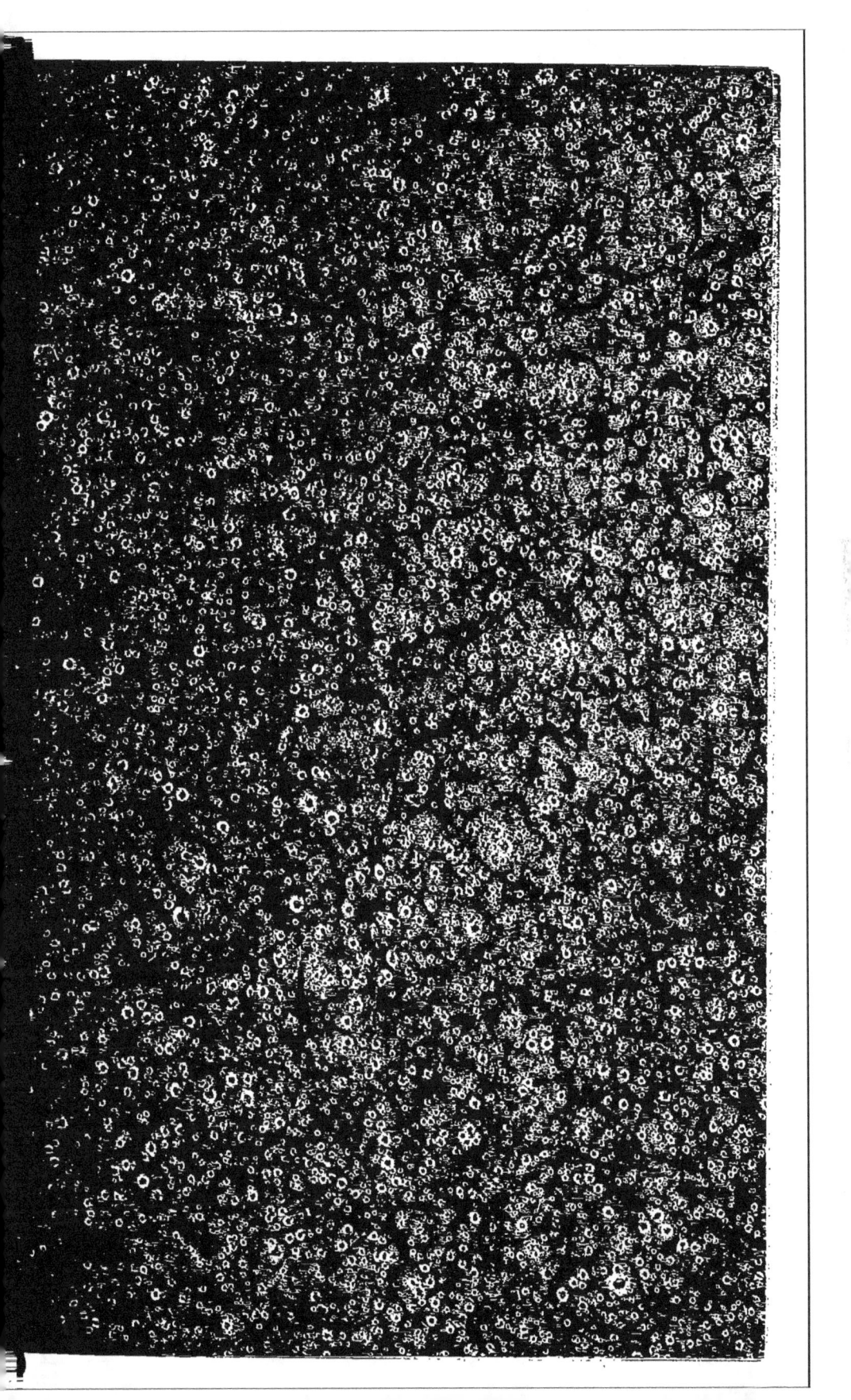

SECONDES LEÇONS

DE LECTURE.

Ouvrages de l'Auteur.

PREMIÈRES LEÇONS DE LECTURE, méthode applicable à tous
les modes d'enseignement. Les 40 tableaux . . . . 2 fr. 50

Le Manuel à l'usage des élèves, broché 0   35

cartonné 0   40

SECONDES LEÇONS DE LECTURE, broché 0   50

cartonné 0   60

PETIT LIVRE DE LECTURE COURANTE, destiné à faire suite
aux méthodes les plus répandues dans les écoles pri-
maires. 2ᵉ édition, cartonné 0   70

PREMIÈRES LEÇONS DE GRAMMAIRE FRANÇAISE, avec des
modèles d'analyse grammaticale. 8ᵉ édition, broché . . 0   60

cartonné 0   75

PREMIÈRES LEÇONS D'ARITHMÉTIQUE, avec des problèmes
de nombreux exercices de calcul. 2ᵉ édition, revue
et considérablement augmentée, broché 0   75

cartonné 0   90

PREMIÈRES LEÇONS DE MUSIQUE VOCALE, un vol. in-8º . . . 1   75

TABLEAU CHRONOLOGIQUE DES ÉVÈNEMENTS PRINCIPAUX DE
L'HISTOIRE DE FRANCE. 2ᵉ édition 0   35

SECONDES LEÇONS

DE LECTURE,

PRÉSENTANT, SOUS LA FORME LA PLUS ÉLÉMENTAIRE,
UNE FOULE DE NOTIONS UTILES, ET RENFERMANT
UN NOMBRE IMMENSE DE MOTS DONT LA CONNAIS-
SANCE EST INDISPENSABLE POUR L'INTELLIGENCE DU
FRANÇAIS ;

Ouvrage destiné particulièrement aux enfants des Écoles
primaires du Gard et des départements voisins,

Par L. FRÉTILLE,

DIRECTEUR DE L'ÉCOLE NORMALE DE NIMES,
et auteur de plusieurs ouvrages pour l'enseignement élémentaire.

———•◦•———

A NIMES,

CHEZ GIRAUD, LIBRAIRE,

BOULEVART SAINT-ANTOINE.

—

1850.

Tout exemplaire non revêtu de la griffe de l'Auteur sera réputé contrefait.

TYP. BALLIVET ᴇᴛ FABRE,
Rue de l'Hôtel-de-Ville, 11, à Nɪᴍᴇs.

Lorsque l'Elève a surmonté les difficultés que présente le mécanisme de la lecture, lorsqu'il peut, sans trop d'hésitation ni de lenteur, reproduire et lier ensemble les sons et les articulations représentés par les lettres, il a vu une bonne partie de ce que l'étude a de plus aride, de plus ingrat, de plus rebutant. Toutefois il lui reste encore de sérieux efforts à faire : c'est peu que de savoir trouver la prononciation des mots écrits, il faut encore en reconnaître le sens ; à cette condition seulement, la lecture pourra servir à son instruction. Ainsi, à un travail tout mécanique en succède un autre presque exclusivement intellectuel. Et c'est alors que commence, pour le Maître, la partie la plus intéressante de sa tâche.

Que convient-il de mettre entre les mains de l'enfant, dès qu'il aborde la lecture courante ? Un catéchisme ? Une petite histoire sainte ? Sans doute, c'est par là qu'il faudrait commencer, si l'on n'avait égard qu'à l'importance des branches d'étude ; mais, quelque restreintes que soient les limites dans lesquelles on veuille renfermer l'instruction primaire, il est une connaissance qui doit précéder toutes les autres : c'est celle de notre langue, non dans ce qu'elle a de plus correct, de plus pur, mais dans ce que réclame rigoureusement l'expression des besoins de la vie. Cette vérité nous semble d'une telle évidence, que nous ne croyons pas devoir y insister.

L'Instituteur doit donc s'appliquer le plus tôt possible à familiariser ses élèves avec les termes dont ils auront à faire un usage journalier ; et, pour lui, cette obligation devient plus impérieuse encore dans les pays où les enfants ont appris tout d'abord un idiome différent du français.

Toutefois cet enseignement, même dans ce qu'il a de plus élémentaire, présente des difficultés réelles à ceux de nos instituteurs qui, enfants du pays, ont eu le patois pour langue maternelle. On en trouverait probablement plus d'un qui, dans mainte circonstance, serait embarrassé d'appliquer à des objets assez vulgaires le nom français qui leur appartient et dont la connaissance est pourtant nécessaire. Or comment enseigner ce qu'on ignore ou qu'on ne sait du moins qu'imparfaitement ?

C'est dans l'espoir de venir en aide à des hommes à qui nous avons déjà consacré une grande partie de notre vie et dont nous connaissons le zèle, que nous offrons ce petit livre de lecture aux écoles primaires. Il est peu volumineux sans doute ; mais on ne doit pas oublier à quelle classe de lecteurs il est destiné. D'ailleurs il n'en est peut-être pas un qui, sous une apparence aussi modeste, contienne autant de mots et plus de notions utiles, intéressantes.

Quelques personnes se demanderont peut-être pourquoi nos Leçons ne se composent guère que de phrases détachées. En y réfléchissant, on comprendra quelle étendue il nous eût fallu donner à cet ouvrage, si nous avions cherché à lier ensemble toutes les idées émises sur le même sujet. Pourtant ce n'est pas là la seule raison qui nous ait déterminé à adopter cette forme ; il en est une autre non moins sérieuse. Ceux qui se sont occupés d'enseignement élémentaire, savent tous que les commençants lisent quelquefois, souvent même, une phrase tout entière sans se douter le moins du monde du sens qu'elle exprime, quelque simple qu'elle soit d'ailleurs. Qu'est-ce donc quand il s'agit de saisir les rapports qui lient les phrases entre elles ? — Le premier pas à faire dans la lecture courante est d'arriver à comprendre l'expression totale d'une pensée : l'enchaînement des pensées entre elles, supposant un effort de plus, ne doit venir qu'après.

On s'étonnera peut-être aussi de rencontrer parfois des mots dont le sens n'est guère à la portée de nos jeunes lecteurs. A cela nous répondrons que nous avons écrit aussi en vue des écoltes d'adultes et même d'un grand nombre de personnes peu familières avec le français, et qui, en faisant lire leurs enfants, auront à la fois et le plaisir de voir leurs progrès et l'avantage de s'instruire elles-mêmes.

Disons encore que ces Leçons pourront conduire à l'orthographe d'usage, soit qu'on en fasse épeler une partie, soit qu'on s'en serve comme de sujets de dictées pour les commençants, soit qu'on les fasse copier.

L'épellation employée en vue d'arriver à l'orthographe est, malgré le temps qu'elle exige, un des meilleurs procédés que nous connaissions. Nous avons pensé la rendre plus profitable ici en plaçant à la fin de chaque Leçon, et sans avoir égard au genre ni au nombre, les mots qui doivent être épelés. De cette manière, les élèves ne s'occuperont que de ce qui doit plus particulièrement attirer leur attention et ne perdront pas un temps qui, pour eux, devient plus précieux de jour en jour. Ils verront mieux aussi comment s'écrit chaque mot considéré isolément.

Disons enfin que, pour le Maître intelligent, quelques-unes de ces Leçons, et notamment celles qui ont rapport à l'histoire naturelle, pourront servir d'occasion à de petites instructions familières propres à former le cœur des enfants. L'étude de la nature, quelque élémentaire qu'elle soit, nous rapproche nécessairement de Dieu, si elle est bien entendue : en considérant l'œuvre, l'esprit se porte de lui-même vers son auteur, et, en songeant aux bienfaits sans nombre qui sont notre partage, on ne peut qu'être pénétré de reconnaissance et d'amour pour celui de qui nous les tenons.

Tels sont les moyens d'instruction et d'éducation que présente ce petit ouvrage. MM. les Instituteurs en comprendront certainement le prix. Aussi, nous l'espérons, ils feront à ces *Secondes Leçons de Lecture* l'accueil qu'ils ont fait aux *Premières*, accueil dont nous sommes heureux de pouvoir leur exprimer ici notre reconnaissance.

SECONDES LEÇONS

DE LECTURE.

~~~~~~

1re Leçon ([1]). — **Du Corps humain**.

On distingue dans le corps humain la tête, le tronc et les membres.

La tête est jointe au tronc au moyen du cou.

Le crâne est recouvert par les cheveux.

Les cheveux sont blonds, roux, châtains, bruns, noirs, gris ou blancs.

Rien n'est laid chez une femme, comme une chevelure en désordre.

On doit se laver la figure tous les jours.

Le visage est le miroir de l'âme.

Dieu détourne sa face du pécheur.

---

(1) Les enfants ne doivent lire qu'une Leçon par classe.

Les vieillards ont le front ridé.

Les sourcils sont ordinairement de la couleur des cheveux.

L'œil est l'organe de la vue.

Les paupières sont bordées de petits poils appelés Cils.

Les yeux noirs, les yeux bleus, sont ceux dont l'iris est noir ou bleu.

La prunelle, appelée autrement Pupille, occupe le milieu de l'iris.

Le nez est l'organe de l'odorat.

Les coups dans les tempes sont dangereux.

On respire par les narines ou par la bouche.

Il est inconvenant de se mordre les lèvres.

Mots a épeler (¹). — Corps, humain; tête, tronc, membre, cou, crâne, cheveu, blond, roux, châtain, brun, noir, gris, blanc, chevelure, figure, visage, âme, Dieu, face, pé-

---

(1) Les exercices d'épellation doivent occuper environ le tiers du temps consacré à la leçon de lecture. Ils se font de deux manières :

1° *A livre ouvert*. Chaque Élève lit un mot et l'épelle.

2° *A livre fermé*. Le Maître ou le Moniteur lit un mot; un élève le répète, et l'épelle de mémoire.

cheur, vieillard, ridé, sourcil, couleur, œil, organe, vue, paupière, poil, cil, bleu, iris, prunelle, pupille, milieu, nez, odorat, narine, bouche, tempe, mordre, lèvre.

2. — Du Corps humain. (*Suite.*)

Les enfants commencent de perdre leurs dents de lait vers l'âge de sept ans.

Les dents de devant sont coupantes ; c'est ce qui les a fait appeler Incisives.

A côté des incisives sont les canines ou dents de l'œil.

Après les canines viennent les grosses dents nommées Molaires ou Mâchelières, et qui servent à broyer, à moudre les aliments.

Les gencives recouvrent en partie les mâchoires où les dents sont implantées.

On distingue le goût des aliments au moyen de la langue et du palais.

La luette se trouve à l'entrée du gosier.

La salive humecte les aliments, et facilite leur passage du gosier dans l'estomac.

On doit être sage quand on a la barbe au menton.

La partie la plus saillante de la joue au dessous de l'œil, se nomme Pommette.

L'oreille est l'organe de l'ouïe.

Le larynx est celui de la voix.

Le derrière du cou se nomme Chignon.

On appelle Nuque le creux qui se trouve entre la tête et le chignon du cou.

La gorge est le devant du cou.

On dit aussi quelquefois Gorge pour Gosier.

MOTS A ÉPELER. — Dent, lait, incisive, canine, molaire, mâchelière, broyer, moudre, gencive, mâchoire, goût, langue, palais, luette, gosier, salive, passage, estomac, barbe, menton, joue, pommette, oreille, ouïe, larynx, voix, chignon, nuque, creux, gorge.

3. — Du Corps humain. (*Suite.*)

Le tronc se désigne plus ordinairement sous le nom de Corps.

On entend par Buste la tête et la partie supérieure du corps d'une personne.

La hotte est une espèce de panier qu'on porte sur le dos.

L'épine du dos se compose d'une suite d'os qui s'articulent les uns avec les autres, et qu'on nomme Vertèbres.

L'épine du dos est encore appelée Colonne vertébrale.

Par Carrure, on entend la largeur du dos à l'endroit des épaules.

L'omoplate est cet os plat qui forme le derrière de l'épaule.

Il est imprudent de se serrer trop la taille.

Le bas du dos se nomme Reins. On donne encore ce nom au dos lui-même.

Les poumons servent à la respiration. Ils sont situés dans la poitrine.

Les enfants à la mamelle donnent beaucoup de peine.

La femme s'attache vite à l'enfant à qui elle donne le sein.

Dieu forma Ève d'une côte d'Adam.

Le côté gauche du corps est celui où nous sentons battre notre cœur.

Mots a épeler. — Buste, supérieur, dos, épine, vertèbre, colonne, vertébral, carrure, largeur, épaule, omoplate, os, plat, serrer, taille, reins, poumon, poitrine, mamelle, sein, côte, imprudent, servir, attacher, former, Dieu, côté, gauche, sentir, battre, cœur.

4. — **Du Corps humain** (*Suite*).

Beaucoup de gens confondent l'estomac avec la poitrine. L'estomac est une sorte de poche où se rendent les aliments pour y être digérés.

On dit qu'un homme se fait un Dieu de son ventre, pour donner à entendre qu'il est très-gourmand.

Il vaut mieux dire 'Les intestins que Les boyaux.

Mettre les poings sur ses hanches est de très-mauvais ton.

L'aisselle est le creux que nous avons sous le bras.

Le poignet joint la main à l'avant-bras.

Ayez pitié du pauvre qui vous tend la main.

Ne montrez le poing à personne.

Les plis qui sont dans la paume de la main forment une espèce d'M.

Les os des doigts de la main se nomment phalanges.

Le pouce n'a que deux phalanges; les autres doigts en ont trois.

L'index est ainsi nommé parce qu'on s'en sert pour indiquer.

Le médium tire son nom de sa position au milieu des autres doigts. On l'appelle autrement Majeur, de ce qu'il est le plus grand.

C'est à l'annulaire de la main gauche que se place l'anneau de mariage.

Le petit doigt se nomme encore Auriculaire, parce qu'on s'en sert parfois pour se nettoyer les oreilles.

Mots a épeler. — Estomac, poche, digérer, ventre, gourmand, intestin, boyau, hanche, aisselle, bras, poignet, main, avant-bras, poing, paume, doigt, phalange, pouce, index, indiquer, médium, majeur, annulaire, anneau, mariage, auriculaire, nettoyer.

5. — Du Corps humain (*Suite*).

Il est malhonnête de se couper les ongles devant quelqu'un.

L'espace qui est depuis la cienture

jusqu'aux genoux d'une personne assise, se nomme Giron.

La marche fortifie les jambes.

Nous n'avons qu'un os dans la cuisse; nous en avons deux dans la jambe.

L'os qui forme le genou est appelé Rotule.

Le jarret est le derrière du genou.

Le gras de la jambe s'appelle autrement Mollet.

L'os qui forme la cheville du pied est loin de ressembler à une cheville.

La partie supérieure du pied se nomme Cou-de-pied.

En sautant, il faut bien se garder de retomber sur le talon; on pourrait se tuer du coup. Il vaut beaucoup mieux retomber sur la pointe du pied et plier en même temps le jarret.

Les doigts du pied s'appellent Orteils. Ce nom s'applique plus particulièrement au plus gros doigt.

On pourrait causer la mort d'une personne en la chatouillant longtemps sous la plante des pieds.

Mots a épeler. — Ongle, malhonnête, couper, giron, espace, ceinture, assis, marche, fortifier, jambe, cuisse, rotule, jarret, gras, mollet, cheville, ressembler, pied, cou-de-pied, garder, talon, tuer, beaucoup, pointe, orteil, causer, mort, longtemps, plante, mieux.

6. — Vêtements communs aux deux sexes.

Les chemises se font toutes en linge. On les faisait autrefois avec une étoffe de laine.

La chemisette ne descend d'ordinaire que jusqu'aux hanches.

On ne doit point paraître sans bas devant quelqu'un ; la décence le défend.

Les jarretières élastiques sont les meilleures.

Les souliers trop étroits font venir des cors aux pieds.

Les pantoufles ne se portent que dans la maison.

Les sabots sont des chaussures très-saines, quand il fait humide.

On porte des chaussons dans les sabots.

Les savates sont de vieux souliers usés.

Les guêtres empêchent la poussière d'entrer dans les souliers.

Les femmes ne portent guère que des demi-guêtres.

Les brodequins tiennent le pied ferme.

On fait des gants de peau, de soie, de fil, de laine.

Dans les mitaines, le pouce seul est séparé des autres doigts.

Les mitaines de femme ne couvrent qu'une partie des doigts.

Le bonnet est commun aux deux sexes; mais il varie singulièrement de forme.

Il en est de même du chapeau.

Dans certains pays, on porte un manteau, même pendant la chaleur de l'été.

Mots a épeler. — Chemise, linge, chemisette, bas, décence, jarretière, élastique, soulier, étroit, pantoufle, sabot, chaussure, humide, chausson, savate, vieux, guêtre, poussière, brodequin, gant, mitaine, bonnet, sexe, forme, chapeau, manteau, certain.

7. — Vêtements d'homme.

Les gilets de flanelle se portent ordinairement sur la peau.

La culotte couvre le corps depuis la ceinture jusqu'aux genoux.

Le pantalon couvre entièrement les jambes.

Les chaussettes sont des demi-bas.

Le caleçon se porte sous la culotte, sous le pantalon.

Les bottines sont des demi-bottes.

Le faux-col s'attache avec des cordons.

Le col est une espèce de cravate qui s'attache derrière le cou avec une boucle.

L'habit a des pans, des basques.

La redingote a une jupe.

La veste n'a ni pans, ni jupe.

L'habit-veste a des demi-basques.

En voyage, la casquette et le bonnet sont préférables au chapeau.

La coiffure des paysans basques est un béret.

Les élèves des collèges ont longtemps porté un frac.

Le carrik ne se porte guère aujourd'hui.

Le caban est une espèce de manteau à capuchon.

Les soldats portent une capote de drap grossier.

La blouse ou blaude que les charretiers portent par dessus leurs autres vêtements, est ordinairement de grosse toile.

Mots a épeler, — Gilet, flanelle, culotte, pantalon, chaussette, caleçon, botte, bottine, col, faux-col, cordon, bouche, habit, pan, basque, redingote, veste, casquette, voyage, béret, frac, carrik, caban, capuchon, capote, blouse, blaude, paysan, soldat, charretier.

8. — Vêtements de femme et d'enfant.

L'usage des corsets trop étroits est généralement blâmé par les médecins.

La jupe va de la ceinture aux pieds. Quand il fait froid les femmes en portent plusieurs.

Le jupon est une courte jupe qui se met sous les autres.

La camisole est une espèce de chemisette que les femmes portent la nuit.

Dans une robe on distingue le corsage et la jupe.

La plupart des jeunes personnes se

brodent des cols, des collerettes, des chemisettes, des guimpes, des manchettes, des bonnets, des mouchoirs de poche....

Il est des pays où les femmes ne sortent jamais sans voile.

Les Provençales portent plusieurs fichus.

Le canezou se porte par dessus le corsage de la robe.

Le spencer * est un vêtement de la forme d'un habit que l'on couperait au bas de la taille.

Nîmes et Lyon possèdent de nombreuses fabriques de châles.

Les châles les plus estimés viennent des Indes.

La mante ne sert guère aujourd'hui qu'aux personnes d'âge.

Mots a épeler. — Corset, étroit, blâmer, jupe, jupon, camisole, robe, corsage, broder, col, collerette, guimpe, manchette, mouchoir, fichu, canezou, spencer, châle, mante, voile, court, plusieurs, estimer, aujourd'hui, vêtement.

---

* Prononcez spincère.

9. — Vêtements de femme et d'enfant.
(*Suite.*)

Le serre-tête se porte principalement la nuit.

La capote est une espèce de chapeau d'étoffe.

La capeline sert à garantir du soleil.

La pèlerine recouvre la poitrine et les épaules.

On entend par Layette tout ce qui est destiné à vêtir un enfant nouveau-né.

On appelle Drapeaux ou langes les morceaux d'étoffe ou de toile dont on enveloppe les enfants au berceau.

Les langes de toile prennent aussi le nom de Couches.

Le maillot se compose aujourd'hui des langes et des bandes dont on recouvre le corps et les jambes de l'enfant.

Les brassières sont une espèce de petite camisole pour maintenir le corps.

La têtière est une petite coiffe de toile.

Le béguin s'attache sous le menton avec une bride.

Le bourlet empêche que les enfants ne se blessent en tombant.

On soutient avec des lisières les enfants qui commencent à marcher.

Les petits garçons portent longtemps des blouses.

On fait aux enfants des tabliers à corsage et à manches.

Mots a épeler. — Tablier, manche, serretête, capote, capeline, garantir, pèlerine, layette, vêtir, nouveau-né, drapeau, lange, berceau, couche, maillot, bande, brassières, maintenir, tétière, coiffe, béguin, bride, bourlet, lisière, marcher, attacher, blesser.

10. — Noms de parenté.

Adam fut le premier homme. Ève fut la première femme.

Dieu les unit en mariage. C'est d'eux que le genre humain est sorti. Ils eurent de nombreux enfants.

Adam parvint à un âge très-avancé. Il a pu voir ses petits-fils, ses petites-filles, ses arrière-petits-fils, ses arrière-petites-filles, et probablement des générations plus reculées encore.

Le Seigneur a dit : Tu honoreras ton père et ta mère.

Les frères et les sœurs doivent vivre en bonne intelligence.

La femme doit obéissance à son mari.

Il vaut mieux dire Ma femme que Mon épouse.

Une femme qui dirait Mon époux au lieu de Mon mari, se ferait rire au nez.

Les filles ne doivent pas jouer avec les garçons.

Nous n'avons pas tous le bonheur de posséder encore notre grand-père et notre grand'mère.

Le père de notre aïeul ou grand-père est notre bisaïeul.

Le père de notre bisaïeul est notre trisaïeul.

Vous concevez ce qu'on entend par une aïeule, une bisaïeule, une trisaïeule.

Mots a épeler. — Homme, femme, mariage, enfant, fils, fille, père, mère, frère, sœur, mari, époux, épouse, garçon, grand-père, grand'mère, aïeul, bisaïeul, trisaïeul, humain, Seigneur, nombreux, bonheur.

11. — Noms de parenté (*Suite*).

De même qu'on a des grands-pères et des grand'mères, on peut avoir des grands-oncles et des grand'tantes.

Respectez les vieillards.

Autrefois les cousins et les cousines ne pouvaient pas se marier entre eux.

Les enfants de deux cousins germains sont appelés Issus de germains.

Le fils d'un neveu ou d'une nièce est un petit-neveu. La fille est une petite-nièce.

Un beau-père, une belle-mère, — un gendre, une bru, — un beau-fils, une belle-fille, — un beau-frère, une belle-sœur, — sont des parents par alliance.

On dit plus ordinairement Belle-fille que Bru. Ainsi Belle-fille a deux significations.

Il faut éviter de dire Marâtre pour belle-mère. Marâtre est un terme blessant.

Le parrain et la marraine s'engagent à élever dans leur religion leur filleul ou filleule.

3

Le tuteur défend les intérêts de son pupille ou de sa pupille.

Une personne non mariée est dite Célibataire.

MOTS A ÉPELER. — Oncle, tante, grand-oncle, grand'tante, neveu, nièce, cousin, germain, gendre, bru, parent, alliance, marâtre, parrain, marraine, filleul, religion, tuteur, pupille, personne, marier, célibataire, vieillard, issu.

12. — Maison.

Les murs d'une maison doivent être posés sur des fondements solides.

On divise les pièces trop grandes à l'aide de murs de brique appelés Cloisons.

Les ouvriers chargés de faire les plafonds sont des plafonneurs et non des plâtriers.

On pratique quelquefois entre le rez-de-chaussée et le premier étage, un appartement fort bas, nommé Entresol.

Les chambres pratiquées sous un comble brisé prennent le nom de Mansardes; quand le comble n'est pas brisé, on les nomme Galetas.

Les cheminées de cuisine sont d'ordinaire plus grandes que les autres.

On appelle Atre ou Foyer l'endroit de la cheminée où l'on fait le feu.

Une maison sans placards est très-incommode.

Les boutiques, les magasins, sont presque toujours au rez-de-chaussée.

Le corridor met en communication diverses parties de la maison.

Dans les grandes maisons, les salles, les salons, sont quelquefois pavés de marbre, de mosaïque.

Les chambres se pavent avec des carreaux de diverses formes.

Les parquets sont très en usage dans le Nord.

Dans le Midi on préfère les dalles à cause de la chaleur.

Mots a épeler. — Maison, mur, fondement, cloison, brique, plafond, rez-de-chaussée, étage, entre-sol, comble, chambre, mansarde, galetas, cuisine, cheminée, âtre, foyer, placard, boutique, magasin, corridor, salle, salon, pavé, carreau, parquet, dalle.

15. — **Maison** (*Suite*).

Un cabinet est ordinairement une petite pièce plus retirée que les autres.

Certains cabinets servent de pièce de décharge.

On garnit ordinairement de bois la rampe de fer qui accompagne un escalier.

L'espace ou plate-forme qui sert de repos dans certains escaliers, se nomme Palier.

On appelle aussi Palier une petite plate-forme servant de communication à des appartements de plain-pied.

On nomme Giron la partie de la marche sur laquelle on pose le pied.

Les chéneaux et les tuyaux de descente conduisent les eaux des toits dans la rue.

En hiver, on garnit de lisière les portes et les croisées pour empêcher l'air de pénétrer dans les appartements.

Le volet s'ouvre en dedans de la fenêtre, et le contrevent en dehors.

Les persiennes se mettent plutôt au

premier étage qu'au rez-de-chaussée, quand les fenêtres donnent sur la rue.

Les jalousies sont composées de petites planches qu'on monte et qu'on descend àvolonté au moyen d'un cordon.

Le soupirail sert à éclairer la cave, le souterrain.

Les lucarnes servent à donner du jour aux greniers, aux galetas....

Un œil-de-bœuf est une petite fenêtre ronde ou ovale.

MOTS A ÉPELER. — Cabinet, rampe, escalier, plate-forme, palier, appartement, plain-pied, marche, giron, toit, tuyau, chéneau, porte, croisée, fenêtre, volet, contre-vent, persienne, jalousie, soupirail, cave, souterrain, lucarne, œil-de-bœuf.

14. — Chambre.

Le lit est le meuble principal d'une chambre.

On fait depuis quelque temps des lits de fer.

Les lits de sangle sont les plus faciles à démonter.

La paillasse s'emplit avec de la paille

ou avec les feuilles sèches du maïs.

La paillasse se remplace quelquefois par un matelas de crin nommé Sommier.

Dans certains pays, on remplit la paillasse des tout petits enfants avec de la balle d'avoine. Ils y sont couchés plus mollement.

La laine des matelas demande à être cardée ou battue de temps en temps.

Le lit de plume est un matelas où la plume remplace la laine.

L'oreiller ou coussin s'emplit avec de la plume ou du duvet.

L'espèce de sac dont on recouvre un oreiller se nomme Taie.

Un traversin est un oreiller long. On l'appelle aussi Chevet.

Les draps de lit se font avec de la toile de fil ou de coton.

Les couvertures prennent différents noms.

La courtepointe recouvre tout le lit. On en fait de piquées.

Mots a épeler. — Meuble, lit, sangle, paillasse, sommier, matelas, oreiller, coussin, taie, traversin, chevet, drap, couverture, courtepointe, paille, maïs, crin, laine, plume, duvet, piquer, carder.

---

15. — Chambre (*Suite*).

On fait des couvre-pieds d'édredon.

L'édredon est le duvet d'une espèce de canard des pays froids.

Les rideaux se suspendent à l'aide d'un ciel de lit ou d'une flèche.

Le ciel de lit a quelquefois la forme d'une couronne.

On met aussi des rideaux aux fenêtres.

On place près du lit un petit tapis de pied.

La table de nuit se place près du chevet du lit.

On fait des commodes et des secrétaires à dessus de marbre.

On place ordinairement une glace sur la commode.

La glace qui se met sur la cheminée est un trumeau.

Le chiffonnier est un meuble à plusieurs tiroirs qui sert particulièrement aux femmes.

On met le linge dans une armoire ou dans un placard.

Les chaises se garnissent avec de la paille ou du jonc. On en garnit aussi avec diverses étoffes ou de la tapisserie.

Le canapé est un meuble qui ne se place guère que dans un salon. Il n'en est pas de même des fauteuils et des bergères.

Mots a épeler. — Couvre-pieds, édredon, rideau, ciel de lit, flèche, tapis, table, commode, secrétaire, glace, trumeau, chiffonnier, tiroir, armoire, linge, chaise, tapisserie, jonc, canapé, fauteuil, bergère, dessus, marbre.

---

16. — Objets de propreté. — Petits meubles de toilette.

On met ordinairement un pot-à-l'eau et une cuvette sur la commode de la chambre. On y met aussi quelquefois un flacon d'eau de Cologne ou d'une autre eau spiritueuse, ainsi qu'une pelote avec des épingles.

Le peigne, le démêloir, la brosse à cheveux, le cure-oreilles,... se rangent dans le tiroir d'en haut. Il en est de même des rasoirs, des ciseaux à ongles....

La brosse à habits se nomme encore Vergettes.

Quelques personnes se nettoient la figure avec une éponge; d'autres avec le coin d'une serviette ou d'un essuie-mains.

En se lavant les mains, il est bon de faire usage de savon.

On doit se nettoyer les dents tous les jours, soit avec une petite brosse, soit avec le coin d'un linge mouillé, ou simplement avec le doigt.

La poudre dont on se sert pour rendre les dents plus blanches, en use quelquefois l'émail. Il vaut mieux employer de la poudre de pain brûlé, ou de la poudre de charbon de lierre mêlée avec un peu de quinquina.

Mots a épeler. — Pot-à-l'eau, cuvette, flacon, pelote, épingle, peigne, démêloir, brosse, cure-oreilles, ciseaux, vergettes, éponge, serviette, essuie-mains, savon, poudre, laver, nettoyer, ranger, mouiller, émail, employer.

17. — **Objets de propreté**, etc. (*Suite*).

Il faut se servir d'un cure-dents, et non de la pointe d'un couteau ou d'une épingle, pour se curer les dents.

A quoi bon se mettre sur la tête tant de pommade, tant d'huile antique, tant de cosmétique? On ne doit en faire usage qu'autant que la conservation des cheveux l'exige.

Pour ôter la crotte des chaussures, on se sert d'une brosse rude appelée Décrottoire.

Le cirage s'étend avec une brosse plus douce ou avec un pinceau.

Quand les souliers sont un peu justes, on les entre au moyen d'une corne ou chausse-pied.

Le nom de Tire-bottes s'applique aux crochets qui servent à mettre les bottes, ainsi qu'à la planchette qui sert à les quitter.

On fait des baignoires de diverses grandeurs.

Les unes servent seulement aux bains de pieds, d'autres aux bains de siége, d'autres aux bains ordinaires.

Quelquefois en donne à la baignoire le nom du genre de bain auquel elle est destinée.

Mots a épeler. — Cure-dents, épingle, pommade, huile, antique, rude, décrottoire, cirage, pinceau, corne, chausse-pied, tire-bottes, crochet, planchette, bain, baignoire, siége, ordinaire, usage, conservation, mettre, quitter, grandeur.

18. — Cave, Cellier.

Dans certains pays, on fait des cuves de bois; dans d'autres, on en fait de pierre.

On se sert quelquefois d'un chenal pour introduire la vendange dans la cuve.

A côté d'une grande cuve de pierre, se trouve ordinairement un cuveau ou petite cuve destiné à recevoir le vin quand on veut l'entonner.

Quand le vin a fermenté, on le décuve, puis on l'entonne dans des foudres ou d'autres futailles.

Mécher un foudre, c'est y faire entrer la vapeur du soufre avec une mèche.

On fait des entonnoirs de bois et de fer-blanc.

Le trou rond par où l'on emplit la futaille se nomme Bonde.

On bouche la bonde avec un bondon.

Le siphon sert à transvaser le vin.

Les douves ou douelles forment la paroi de la futaille.

Les cercles se font avec des branches de coudrier ou de châtaignier.

Pour percer le fond d'une futaille, on se sert d'une vrille ou d'un vilebrequin.

Mots a épeler. — Cuve, chenal, cuveau, futaille, foudre, mécher, entonnoir, trou, rond, bonde, bondon, siphon, transvaser, douve, douelle, paroi, cercle, percer, fond, vrille, vilebrequin, vendange, décuver, entonner, soufre, boucher.

19. — Cave, Cellier (*Suite*).

On fait des robinets de cuivre; on en fait aussi de bois.

Quand le trou qu'on a fait à une futaille est petit, on le bouche ordinairement avec un douzil.*

Il y a des futailles de diverses gran-

* Prononcez *douzi*.

deurs et de noms différents. Celles qui portent le même nom varient de capacité selon le pays.

Dans le Gard, le muid contient sept cents litres, et le tonneau contient un demi-muid.

Ailleurs, dans le Nord, le muid est beaucoup plus petit. Là, le demi-muid se nomme Feuillette, et le quart de muid, Quart ou quartaut.

Le poinçon contient environ les deux tiers d'un muid.

La barrique n'a pas une grandeur déterminée. Il en est de même du barril ou petite barrique.

Tonne se dit d'une futaille plus grande que le tonneau.

Le tonneau varie de grandeur selon la différence des lieux.

Les dames-jeannes sont quelquefois revêtues de jonc ou d'osier. Cette enveloppe se nomme Clisse.

Une bouteille garnie d'une clisse est dite Clissée.

On bouche quelquefois une dame-jeanne avec une fiole remplie de vin.

4

Mots a épeler. — Robinet, douzil, capacité, muid, litre, tonneau, feuillette, quart, quartaut, poinçon, tiers, barrique, barril, tonne, dame-jeanne, clisse, bouteille, fiole, contenir, garnir, quelquefois, selon.

20. — Ustensiles de Cuisine.

On suspend la marmite et le chaudron sur le feu au moyen de la crémaillère.

C'est aussi à la crémaillère qu'on suspend la chambrière. La chambrière soutient sur le feu la poêle et le poêlon.

On retourne la friture avec le friquet.

Le trépied est ainsi nommé parce qu'il a trois pieds. Il sert à soutenir sur le feu un chaudron.....

On recouvre le pot avec un couvercle.

Le garde-pot se met derrière le pot pour l'empêcher de tomber.

L'écumoir est une espèce de cuillère trouée.

On passe le bouillon dans un tamis, quand on veut le débarrasser entièrement de l'écume qu'il contient.

La passoire sert à égoutter les légumes qu'on a fait blanchir....

On fait cuire sur le gril les saucisses, les côtelettes....

Le couperet est une sorte de couteau fort large servant à couper la viande.

On hache les viandes sur une petite table de chêne appelée Hachoir. On entend aussi par Hachoir l'espèce de couteau pour hacher.

Les casseroles sont ordinairement de cuivre étamé.

La rôtissoire tourne la broche.

La lèchefrite reçoit la graisse et le jus[*] du rôti.

On fait aussi rôtir la viande à l'aide d'un ustensile de fer-blanc appelé Cuisinière.

MOTS A ÉPELER. — Marmite, chaudron, crémaillère, chambrière, poêle, poêlon, friquet, trépied, pot, couvercle, garde-pot, écumoir, tamis, passoire, gril, couperet, couteau, hachoir, casserole, rôtissoire, broche, lèchefrite, cuisinière, égoutter, rôtir.

---

21. — Ustensiles de Cuisine (*Suite*).

La lardoire est une espèce d'aiguille.

---

[*] Prononcez *ju*.

On fait cuire les petits oiseaux à la brochette.

Au lieu d'un fourneau en maçonnerie, on se sert souvent , dans les petites cuisines, de fourneaux mobiles de fer, de pierre ou d'argile.

Le four de campagne est une espèce de four portatif ordinairement de cuivre rouge.

La tourtière sert à faire cuire certaines pâtisseries contenant de la viande.

Un réchaud est un ustensile où l'on met du feu pour tenir les mets chauds.

On égoutte la salade dans un panier appelé Saladier.

On ôte le zeste d'un citron sec avec la râpe.

Les écuelles se font en terre ou en faïence.

On tient l'eau dans un seau ou dans une cruche.

On jette les eaux de la cuisine par l'évier ou pierre à laver.

L'huile se conserve dans une jarre.

La boîte à sel se place souvent dans la cheminée. Le sel s'y conserve plus sec.

On broie le sel avec un mortier et un pilon. Le mortier, ordinairement de buis, se nomme Égrugeoir.

Le sel égrugé se met dans la salière.

Le poivre se broie dans un moulin. Il se met ensuite dans la poivrière.

MOTS A ÉPELER. — Lardoire, brochette, fourneau, four, tourtière, réchaud, saladier, râpe, écuelle, faïence, seau, cruche, évier, jarre, boîte, mortier, pilon, égrugeoir, salière, moulin, poivrière, ustensile, cuire, panier.

22. — Couvert.

Les tables rondes sont plus commodes que les autres.

On met sur la table une nappe ou une toile cirée.

On appelle Serviettes à liteaux celles qui sont traversées d'une lisière à l'autre par des raies de couleur.

On faisait autrefois de la vaisselle d'étain.

Les assiettes à soupe sont plus creuses que les autres.

Une cuillère et une fourchette réunies forment un couvert.

Il y a des couteaux à tire-bouchon.

C'est faire une grosse faute que de confondre un gobelet avec un verre.

Le potage se sert dans une écuelle ou une soupière.

La louche est la grande cuillère creuse dont on sert la soupe, le potage.

On fait des réchauds pour tenir les plats chauds sur la table.

Les bouteilles et les carafes se posent sur un petit plateau.

Dans certaines campagnes, on sert le vin dans des brocs * de terre, et l'eau dans un pot-à-l'eau, une aiguière.

La salière et la poivrière se tiennent quelquefois.

L'huile et le vinaigre se servent dans des burettes. L'objet qui contient, qui porte ces burettes, se nomme Huilier.

Il suffit de lire les noms de certains vases pour les comprendre. Tels sont les mots Saucière, moutardier, saladier, cafetière, théière, sucrier, chocolatière.

Les tasses à café se posent sur une soucoupe.

---

* Prononcez *bro*.

Un bol est une espèce de coupe.

Quelques liqueurs se servent dans un cruchon.

Mots a épeler. — Table, nappe, serviette, vaisselle, assiette, cuillère, fourchette, couvert, tire-bouchon, gobelet, verre, soupière, louche, plat, bouteille, carafe, plateau, broc, aiguière, burette, huilier, saucière, moutardier, saladier, cafetière, théière, sucrier, chocolatière, tasse, soucoupe, bol, cruchon.

23. — Comestibles.

On appelle Comestible ce qui peut se manger.

Le pain se fait avec la farine de froment, d'orge, de maïs....

Beaucoup de personnes déjeunent de chocolat ou de café au lait.

Le fromage se fait avec du lait caillé, égoutté et salé.

Après avoir fait séjourner un jambon dans la saumure, on le suspend dans la cheminée pour le faire sécher.

Le fromage de cochon se fait principalement avec la tête du porc.

L'andouille est un boyau de porc.

rempli d'autres boyaux, ou farci de la chair hachée du même animal.

Le saucisson se farcit avec d'autre chair et demande à être fortement épicé.

Le cervelas est un petit saucisson à chair transparente.

Les saucisses se mangent toujours cuites.

Le boudin se remplit de sang et de graisse de porc. — On dit, Manger un boudin, des boudins, quand les portions, de médiocre longueur, sont fermées, nouées par les deux bouts, comme un cervelas, une saucisse. Quand les portions ne sont pas indiquées, on dit, Manger du boudin.

La chair de cochon salé prend le nom de Salé.

L'omelette est un des mets les plus vite préparés.

Mots a épeler. — Comestible, manger, pain, farine, déjeuner, chocolat, café, lait, fromage, jambon, saumure, andouille, farcir, hacher, saucisson, cervelas, saucisse, boudin, sang, graisse, salé, omelette, chair, épicer, portion, sécher, suspendre.

24. — **Comestibles** (*Suite*).

La farine de maïs se nomme aussi Gaude. La bouillie qu'on fait avec cette farine porte le même nom.

Le gruau de blé, d'orge, d'avoine, sert à faire une bouillie, une sorte de potage. Ce mets s'appelle lui-même Gruau.

La soupe se fait ordinairement de bouillon et de tranches de pain. — La soupe à la viande se nomme Soupe grasse.

Le potage se fait aussi avec du bouillon ; mais, au lieu de tranches de pain, on peut y faire entrer une autre substance alimentaire.

Quelquefois le jus de viande, en refroidissant, prend une consistance molle et tremblante ; alors on l'appelle Gélatine.

Quand le bouilli est un morceau de bœuf, on dit Du bœuf, plutôt que Du bouilli.

On fait de la purée avec des lentilles, des haricots.

Le poulet se sert souvent en fricassée, et le lièvre en civet.

Les ragoûts excitent l'appétit. On les dit contraires à la santé.

Le vol-au-vent est une espèce de pâté chaud dont les bords assez élevés sont de pâte feuilletée.

Avant de faire cuire des œufs, on a soin de s'assurer qu'ils ne sont pas couvis.

Un ridicule usage veut qu'après avoir mangé un œuf mollet ou à la coque, on brise la coquille dans son assiette.

Les œufs cuits sur le plat s'appellent encore Œufs au miroir.

Les œufs à la tripe sont des œufs durs, coupés par tranches et fricassés.

Mots a épeler. — Maïs, gaude, bouillie, gruau, soupe, bouillon, gras, potage, gélatine, bouilli, purée, fricassée, civet, ragoût, vol-au-vent, pâté, œuf, couvi, mollet, coque, tripe, viande, tranche, alimentaire, appétit, coquille.

25. — Comestibles (*Suite*).

Le rôti est beaucoup plus nourrissant que le bouilli.

On fait avec de la fleur de farine, du

beurre, des œufs et du sucre, une foule de gâteaux et de friandises.

Le craquelin, l'échaudé, la barquette, sont d'une digestion facile. On les recommande aux estomacs malades ou paresseux.

Il entre dans la brioche, de la fleur de farine, du beurre et des œufs.

La galette est un des gâteaux qu'on fait le plus en ménage. Il en est de même des tourtes à la viande.

Le biscuit est un gâteau où il entre de la farine, des œufs et du sucre.

Une tarte est une pâtisserie plate dans laquelle on met de la crême, de la frangipane, des fruits cuits....

Dans certains pays, on mange une grande quantité de beignets et de crêpes à l'époque du carnaval.

On fait avec du moût une espèce de confiture liquide appelée Raisiné. On mêle souvent au raisiné, des coings, des poires ou d'autres fruits.

Parmi les diverses espèces de gelées de fruits, la plus estimée est celle de groseille.

On fait avec des fruits et du sucre, de la marmelade, des compotes.

Mots a épeler. — Rôti, gâteau, friandise, craquelin, échaudé, barquette, brioche, galette, tourte, biscuit, tarte, pâtisserie, crême, frangipane, beignet, crêpe, confiture, raisiné, gelée, marmelade, compote, fleur, sucre, fruit, moût, beurre.

26. — Boissons.

L'eau est la plus saine des boissons. C'est aussi la plus propre à favoriser la digestion.

Quand il fait bien chaud, il vaut mieux boire de l'eau vinaigrée que de l'eau pure.

On est parvenu à faire du vinaigre avec du bois.

Certaines eaux minérales sont employées pour fortifier l'estomac. Telles sont celles de Vichy, de Seltz, * de St-Galmier, de Valz **....

Le vin doit être pris en petite quantité, et étendu avec beaucoup d'eau.

* Prononcez selsé. — ** Prononcez valse.

L'eau-de-vie est nuisible à la santé, surtout à celle des enfants.

La bière se fabrique avec de l'orge moulue et du houblon.

Le cidre se tire de la pomme. La pomme à cidre est désagréable au goût.

On fait aussi du cidre avec la poire. Celui-ci se nomme Poiré.

On fait de la piquette en versant de l'eau dans un tonneau où il y a du marc de raisin.

On fait aussi des espèces de piquettes avec des prunelles, des pruneaux acides, des cormes ou sorbes, de l'orge non moulue et des baies de genièvre.

L'hydromel est une boisson composée d'eau et de miel.

Mots a épeler. — Boisson, eau, vinaigre, minéral, vin, eau-de-vie, bière, cidre, poiré, piquette, prunelle, pruneau, acide, corme, sorbe, orge, houblon, baie, genièvre, digestion, nuisible, moulu, sain, pomme, poire, raisin, fortifier, hydromel.

27. — Boissons (*Suite*).

On tire de la canne à sucre une espèce d'eau-de-vie appelée Rhum *.

Le kirsch-wasser ** est une liqueur faite avec des cerises sauvages. Son nom signifie : Eau de cerises.

On prépare l'absinthe en faisant infuser dans de l'eau-de-vie des feuilles de la plante du même nom.

L'anisette est une liqueur faite avec de l'anis.

Les élixirs sont des liqueurs spiritueuses.

Le ratafia se fait avec de l'eau-de-vie, du sucre et des fruits, principalement des cerises, des abricots.

Certaines liqueurs à demi glacées prennent le nom de Sorbets.

Le café a été introduit en France vers le milieu du dix-septième siècle.

La limonade se fait avec du jus de limon ou de citron, de l'eau et du sucre.

L'orangeade se fait d'une manière semblable.

Certains sirops allongés avec de l'eau font une boisson agréable et rafraîchis-

---

* Prononcez *Rome*. — ** Prononcez *Kirche-vasser*.

sante. Tels sont ceux de groseille, de vinaigre, de limon.

L'orgeat se fait avec de l'eau, du sucre, des amandes et des graines de melon, de citrouille, de concombre et de courge.

Le looch *, le petit-lait, la tisane, la plupart des infusions, ne servent guère qu'aux malades.

Mots a épeler. — Rhum, kirsch-wasser, liqueur, cerise, absinthe, infuser, anisette, élixir, spiritueux, ratafia, abricot, sorbet, glacé, limonade, jus, orangcade, sirop, orgeat, looch, petit-lait, tisane, infusion, limon, citron, orange, agréable, rafraîchissant.

28. — Chauffage.

On entend par Combustible ce qui peut servir au chauffage.

Le bois est le combustible le plus généralement employé.

La houille ou charbon de terre est aussi fort en usage.

Il est très-imprudent d'entretenir du

* Prononcez *Lok*.

charbon allumé dans un appartement, si ce n'est dans la cheminée.

Le braise de boulanger s'allume plus vite que le charbon.

Dans certains pays, on brûle de la tourbe. La tourbe est une terre noirâtre, combustible, qu'on tire des marais.

On fait des bûches avec le tronc et les grosses branches des arbres.

Les fagots se font avec des branches moins grosses, et les bourrées, avec des branches plus petites encore.

On allume souvent le feu avec des broutilles, des brindilles.

On l'allume aussi avec du sarment.

Le sarment lié en petits faisceaux forme des javelles.

Dans beaucoup de ménages, on brûle des mottes de tan, de marc d'olives...

Le coke est du charbon de terre distillé ou qui a subi une première combustion.

Mots a épeler. — Combustible, chauffage, bois, charbon, braise, houille, tourbe, bûche, fagot, bourrée, broutilles, brindilles, sarment, javelle, motte, coke, combustion, allumer,

brûler, branche, feu, faisceau, tan, marc, noirâtre, entretenir, imprudent.

---

29. — Chauffage (*Suite*).

On peut se procurer du feu au moyen
d'un briquet, d'un caillou et d'un morceau d'amadou.

L'amadou provient d'une espèce de
bolet très-coriace qui croît sur le chêne,
le hêtre, le frêne... et qu'on appelle
abusivement Agaric.

Les allumettes chimiques causent de
fréquents accidents.

On arrange, on attise le feu avec la
pelle et les pincettes.

Les chenets soutiennent les tisons.

Le garde-cendre empêche les cendres
de se répandre dans l'appartement.

La chaufferette se nomme encore
Chauffe-pieds, à cause de l'usage qu'on
en fait.

Beaucoup d'appartements se chauf-
fent avec un poêle *.

Un calorifère est un grand poêle qui

---

* Ou *Poile*.

porte la chaleur dans plusieurs parties d'une maison.

On chauffe les lits avec une bassinoire ou un moine.

On excite le feu avec le soufflet.

MOTS A ÉPELER. — Briquet, caillou, morceau, amadou, bolet, coriace, agaric, allumette, chimique, accident, attiser, pelle, pincettes, chenet, tison, garde-cendre, chaufferette, chauffe-pieds, poêle, calorifère, bassinoire, soufflet, fréquent, répandre.

---

30. — Eclairage.

Les principales substances qui servent à l'éclairage sont : le suif, l'huile, la cire, la résine, l'alcool, le gaz hydrogène...

On appelle Suif la graisse du mouton, du bœuf...

On dit, Une chandelle des quatre, des six, des huit, selon qu'il en entre quatre, six ou huit dans une livre.

L'huile se tire surtout de certains fruits, de certaines graines. Nous en parlerons plus tard.

Les abeilles font la cire avec un art admirable.

Les bougies sont des chandelles de cire.

Dans de pauvres chaumières, on brûle des chandelles de résine. Ces chandelles se suspendent dans la cheminée à l'aide d'un morceau de bois fendu.

Ce n'est que mêlé à d'autres substances, que l'alcool ou esprit-de-vin sert à l'éclairage.

Le gaz hydrogène est un fluide semblable à l'air, et qui s'enflamme aisément.

Les substances liquides se brûlent d'ordinaire dans une lampe et au moyen d'une mèche.

On fait avec l'amiante des mèches incombustibles.

Mots a épeler. — Eclairage, suif, graisse, chandelle, huile, cire, bougie, résine, alcool, esprit-de-vin, gaz, hydrogène, fluide, enflammer, aisément, liquide, lampe, mèche, amiante, incombustible, fendu, semblable, quatre, six, huit.

31. — **Eclairage** (*Suite*).

Il y a des lampes d'une multitude de formes diverses.

Le quinquet [ainsi appelé du nom de son inventeur] est la plus connue.

On se sert aussi, dans le Midi, d'une espèce de lampe appelée Pompe, à cause de son mécanisme.

On nomme Bougeoir un chandelier fort court qu'on porte au moyen d'un manche on d'un anneau.

On appelle Lumignon le bout d'une chandelle, d'une bougie, d'une lampe allumées.

La chandelle se mouche avec les mouchettes, et la lampe avec des ciseaux. La bougie ne se mouche pas.

L'éteignoir a une forme conique.

Un falot est une grande lanterne ordinairement faite de toile.

On éclaire les rues au moyen de reverbères.

Certaines veilleuses sont disposées de manière à chauffer de la tisane.

On se sert sur les vaisseaux, de grosses lanternes appelées Fanaux.

Un phare est une tour construite à l'entrée d'un port et sur laquelle on tient un fanal allumé pendant la nuit, pour guider les vaisseaux qui approchent des côtes.

MOTS A ÉPELER. — Quinquet, pompe, chandelier, bougeoir, manche, lumignon, mouchettes, éteignoir, forme, conique, lanterne, falot, reverbère, éclairer, veilleuse, fanal, phare, multitude, inventeur, mécanisme, moyen, bout, tour, guider, port.

32. — Blanchissage.

Pour nettoyer le linge, on l'entasse dans un cuvier en le mouillant à mesure. On étend dessus une pièce de grosse toile appelée Charrier. Les cendres se mettent dans le charrier. On verse de l'eau bouillante sur les cendres. Bientôt après on la retire du cuvier au moyen d'un robinet. On la fait chauffer de nouveau pour recommencer la même opération. Cela se répète jusqu'à ce que l'eau sorte fort chaude du cuvier.

L'eau qui a passé ainsi sur les cendres s'appelle Lessive.

Nettoyer le linge comme il vient d'être dit, c'est faire la lessive.

On dit encore, dans certains pays, Faire la buée pour Faire la lessive.

On met quelquefois dans la lessive un chapelet de racines d'iris coupées par morceaux. Cette racine communique au linge une odeur de violette assez prononcée.

Le lieu où se fait la lessive se nomme Buanderie.

Les femmes chargées de faire la lessive sont des buandières.

On savonne le linge, on le lave, quand il est lessivé.

La laveuse se sert d'un battoir.

Une grande partie du linge se passe dans une eau où l'on a fait dissoudre du bleu.

Quand le linge est sec, on l'unit avec un fer chaud. Ce fer est appelé Fer à repasser.

Les ouvrières chargées de ce travail sont des repasseuses.

On passe une partie du linge dans l'empois pour le rendre plus ferme.

L'empois est une espèce de colle faite avec de l'amidon.

Mots a épeler. — Nettoyer, linge, cuvier, mouiller, charrier, cendre, lessive, buée, chapelet, buanderie, buandière, savonner, laver, lessiver, laveuse, battoir, dissoudre, fer à repasser, repasseuse, empois, amidon, entasser, odeur, sec, travail, colle.

33. — Ecole.

Pour devenir un bon élève, il faut avant tout aimer l'école.

Pendant la classe, on ne doit songer qu'à travailler.

Les plaisirs ne sont permis que quand on est dans la cour ou au préau.

En écrivant, il faut éviter d'appuyer l'estomac sur la table.

On ne doit pas non plus jeter ses pieds sous le banc.

Dans les écoles d'enseignement mutuel, il y a un télégraphe au commencement de chaque table.

L'Instituteur place son bureau sur une estrade afin de mieux voir ce qui se passe dans toute la classe.

Le Maître écrit sur un registre le nom de chaque écolier.

La sonnette sert à régler les mouvements, la marche des élèves.

On essuie le tableau noir avec un éponge ou un torchon.

Il est bon d'avoir une fontaine dans la salle d'école.

Sans une pendule, comment régler la durée des leçons ?

Le moniteur doit reprendre ses condisciples avec bonté.

Ne faites point d'oreilles à vos livres. Gardez-vous d'y essuyer vos doigts.

Le mot Manuscrit veut dire Écrit à la main.

Essuyer l'ardoise avec la main est très-malpropre.

On doit fixer le crayon d'ardoise dans un portecrayon.

Le papier se fait avec de vieux chiffons.

Ne vous mettez point d'encre aux doigts.

Mots a épeler.—Ecole, élève, classe, préau, écrire, banc, enseignement, mutuel, télégra-

phe , bureau , estrade , registre , écolier , sonnette , tableau , torchon , fontaine , leçon , moniteur , condisciple , livre , manuscrit , ardoise ,
crayon , papier , encre.

---

34. — Ecole (*Suite*).

Evitez de tacher vos cahiers.

Tenez proprement vos exemples d'é-
criture.

Les plumes métalliques veulent être
choisies avec beaucoup de soin.

Les porteplumes trop courts sont mal
commodes.

Les encriers de plomb ont l'inconvé-
nient de dessécher l'encre.

La substance minérale contenue dans
les crayons de bois se nomme Plombagine ou Mine de plomb.

La gomme élastique ou caoutchouc
efface les traces de crayon.

On ne doit point jouer avec le canif,
ni avec le grattoir, surtout quand ils
sont ouverts.

La sandaraque est une espèce de résine pulvérisée.

Quand vous dessinez, regardez-bien le modèle.

Le compas sert à faire des circonférences.

On trace des lignes droites, des perpendiculaires, des parallèles avec la règle et l'équerre.

La craie est une sorte de pierre qui a quelque ressemblance avec la chaux.

Les écoliers rangent ordinairement leurs cahiers et leurs livres dans un carton.

Vos parents sont heureux en vous voyant apporter de l'école des bons-points et des billets de satisfaction.

L'instituteur aime beaucoup mieux accorder une récompense qu'infliger une punition.

Mots a épeler.— Cahier, exemple, écriture, plume, métallique, encrier, plomb, plombagine, gomme, élastique, caoutchouc, canif, grattoir, sandaraque, dessiner, modèle, compas, ligne, perpendiculaire, parallèle, circonférence, règle, équerre, craie, carton, billet, satisfaction, récompense, punition.

35. — Ferme.

Un domaine est un bien-fonds, c'est-à-dire, une propriété consistant en maisons, en terres.

Une ferme est un bien de campagne que fait valoir un colon, moyennant une somme annuelle qu'il donne au propriétaire.

La ferme s'appelle Métairie quand le colon garde une partie des fruits pour ses travaux.

Une chaumine est une petite chaumière.

On élève les vers-à-soie dans la magnanerie.

Les chevaux s'enferment dans l'écurie ; les bœufs, les vaches dans une étable ; les moutons dans la bergerie ; les cochons dans de petites loges appelées Toits ou Têts.

L'étable à bœufs se nomme aussi Bouverie, et l'étable à vaches, Vacherie.

On met dans le râtelier le foin qui doit être mangé.

L'auge des bœufs se nomme Crèche.

Pendant la belle saison, les moutons couchent dans les champs.

On les réunit le soir dans une enceinte à claire-voie qu'on nomme Parc.

Les lapins se tiennent dans une garenne ou dans un clapier.

Une garenne est un espace entouré d'une enceinte de muraille ou de pieux très-serrés et garnis d'un treillage de fer. Les lapins y jouissent de certaine liberté.

Le clapier est une espèce de petite cabane.

La chair des lapins de garenne est meilleure que celle des lapins de clapier.

Mots a épeler. — Domaine, bien-fonds, propriété, terre, ferme, campagne, colon, métairie, chaumière, chaumine, magnanerie, écurie, étable, bergerie, toit, têt, bouverie, vacherie, râtelier, auge, crèche, parc, claire-voie, garenne, clapier, enceinte, loge.

36. Ferme (*Suite*).

A la nuit, les pigeons se retirent dans

le colombier ou pigeonnier, et les poules, les dindons, dans le poulailler.

Les canards et les oies aiment à barboter dans l'eau bourbeuse des mares, dans les trous à fumier qui se trouvent d'ordinaire dans la basse-cour. Les autres animaux ne boivent guère que l'eau des ruisseaux, des puits ou des citernes.

On conserve le lait dans la laiterie, on y fait aussi le beurre et le fromage.

Les appentis, les hangars servent de remise pour les charrettes, les chariots, les instruments de culture.

On dépique le blé sur l'aire.

Les grains se serrent au grenier, où l'on en fait des tas qu'on remue de temps en temps.

Le blé non dépiqué se conserve dans la grange ; quand la grange ne suffit pas, on dispose le blé en meules auprès de la ferme.

Le foin se serre dans le fenil.

Le lieu où le pressoir est établi porte lui-même le nom de Pressoir.

Le vin, qui se fait dans le cellier, se conserve d'ordinaire à la cave.

Mots a épeler. — Colombier, pigeonnier. poulailler, mare, trou, basse-cour, puits, citerne, laiterie, appentis, hangar, remise, grenier, grange, meule, fenil, dépiquer, aire, pressoir, cellier, barboter, bourbeux, ruisseau, grain, conserver, foin, établir.

37. Terres pouvant dépendre d'une ferme.

On ne sème pas tous les ans la même plante dans le même champ.

Les jachères sont des terres labourables qu'on laisse reposer.

On ne peut nourrir des bestiaux dans un domaine qu'autant qu'il y a des pâturages, des pacages.

Les prés se trouvent ordinairement au bord de l'eau.

Il y a des prairies naturelles et des prairies artificielles.

Les prairies naturelles produisent du foin.

Les prairies artificielles sont des terres où l'on a semé, pour quelques années, certaines plantes destinées à la nourriture des bestiaux, comme la luzerne, le trèfle, l'esparcette [espèce de sainfoin].

Les herbes qui croissent dans les marais donnent un foin grossier peu propre à la nourriture des chevaux.

On enclôt quelquefois les jardins d'une haie vive.

Dans le Nord, on arrose à la main les jardins potagers.

Certaines terres prennent des noms différents selon les arbres qu'on y a plantés ou les herbes qu'on y a semées.

Les olivettes ne sont pas les terres les plus productives du Languedoc.

Les châtaigneraies sont très-communes dans les Cevennes.

Une saussaie est un lieu planté de saules, et une oseraie, un lieu planté d'osiers.

Mots a épeler. — Champ, jachère, labourable, reposer, bestiaux, pâturage, pacage, pré, prairie, naturel, artificiel, trèfle, esparcette, marais, jardin, haie, potager, olivette, châtaigneraie, saussaie, oseraie, nourrir, produire, commun.

38. — **Terres pouvant dépendre d'une ferme** (*Suite*).

La luzernière est un champ de luzerne.

Les linières en fleur présentent le plus charmant coup-d'œil.

On trouve quelques rizières dans le département des Bouches-du-Rhône.

Le champ où l'on cultive le chanvre s'appelle Chenevière, du mot Chenevis, désignant la graine de cette plante.

On reconnaît de loin les houblonnières, aux grandes perches qui y sont plantées.

Les arbres qu'on élève dans une pépinière ne proviennent pas tous de pepins.

Un lieu planté d'arbres à fruit est un verger.

On évite de semer des citrouilles dans le voisinage des melonnières.

Les vignes se plaisent sur les coteaux et dans les terres caillouteuses.

Un taillis est un bois que l'on taille, que l'on coupe de temps en temps.

On appelait autrefois Garenne tout bois où il y avait beaucoup de lapins.

Un buisson est une touffe d'arbustes sauvages et épineux.

Un hallier est un buisson fort épais.

MOTS A ÉPELER. — Luzernière, linière, chenevière, houblonnière, perche, pépinière, verger, melonnière, taillis, bois, buisson, épineux, hallier, charmant, coup-d'œil, département, chenevis, pepin, voisinage, vigne, coteau, caillouteux, tailler, touffe, épais.

39. — Cultivateurs, Pâtres...

Les cultivateurs occupent le premier rang parmi les ouvriers nécessaires.

L'agriculteur cultive les champs, et l'horticulteur ou jardinier, les jardins.

Le laboureur se sert principalement de la charrue.

Le jardinier remue la terre avec la bêche [1]. Il se sert du pic et de la pelle pour faire les trous des arbres qu'il veut planter.

1 En languedocien, *Louché*.

Il nettoie les allées du jardin avec la râtissoire et le râteau.

Il taille et émonde les arbres avec la serpe, la serpette, le sécateur, la scie.

Il ente les sauvageons avec le greffoir.

Il se sert de la binette pour ameublir la terre autour des plantes et en arracher les mauvaises herbes.

La binette est une petite pioche dont un côté a deux pointes et l'autre est tranchant.

Le moissonneur scie le blé avec la faucille ou la faux.

On adapte une espèce de râteau à la faux, quand on s'en sert pour moissonner.

Le batteur en grange dépique le blé à l'aide d'un fléau.

Mots a épeler. — Cultivateur, agriculteur, horticulteur, jardinier, laboureur, charrue, bêche, pic, pelle, râtissoire, râteau, serpe, serpette, sécateur, scie, greffoir, binette, pioche, moissonneur, faucille, faux, batteur, fléau, planter, émonder, ameublir, arracher, enter.

40. — **Cultivateurs, Pâtres** (*Suite*).

On nomme Andain l'étendue de pré qu'un faucheur peut faucher à chaque pas qu'il avance.

Les faneuses se servent d'une fourche pour secouer et retourner le foin.

Le vigneron travaille la terre avec la houe.

Le vendageur détache quelquefois les grappes de la branche au moyen de la serpette.

Les ouvriers qui travaillent à la journée sont des journaliers; ceux qui travaillent à la tâche sont des tâcherons.

Le hoyau est une houe à deux fourchons dont se servent les travailleurs de terre.

Le berger se sert de sa houlette pour faire revenir les moutons qui s'écartent du troupeau.

Les pâtres portent différents noms selon les animaux qu'ils ont à soigner.

Le porcher garde les pourceaux.

Le chevrier garde les chèvres.

Le bouvier garde les bœufs.

Le vacher garde les vaches.

Le dindonnier conduit les dindons dans les champs.

Le charretier excite les chevaux avec le fouet.

Les magnaniers de Valleraugue sont renommés.

Mots a épéler. — Faucheur, andain, faneuse, fourche, vigneron, houe, vendangeur, journalier, journée, tâcheron, tâche, hoyau, fourchon, berger, houlette, pâtre, troupeau, soigner, porcher, chevrier, bouvier, vacher, dindonnier, charretier, fouet, magnanier.

41. — Travaux des champs.

On défriche les terres incultes, on les utilise par le travail.

Sans la culture de la terre, les hommes mèneraient une vie misérable.

On donne un labour à la terre avant de la fumer.

On a beaucoup perfectionné les instruments du labourage.

Le fumier employé en culture s'appelle encore Engrais.

Les substances qu'on ajoute à un terrain pour l'améliorer, le rendre plus propre à la culture, se nomment Amendements; tels sont la marne, le plâtre...

On déchausse les arbres, les vignes, pour mettre du fumier au pied.

Le binage est un second labour qu'on donne à la terre pour la rendre plus meuble et pour enterrer le fumier.

Les jardiniers appellent Binage un travail léger pour diviser la terre autour des plantes et détruire les mauvaises herbes.

La plupart des plantations ont lieu à la fin de l'hiver.

Les semailles se font en automne et au printemps.

Les jardiniers obtiennent certaines variétés de plantes au moyen de semis.

On écrase avec un rouleau les mottes de terre que la charrue n'a pas divisées.

La herse sert aussi à rompre les mottes d'une terre labourée, et à recouvrir les grains nouvellement semés.

7

Mots a épeler. — Défricher, inculte, culture, labour, fumer, labourage, fumier, engrais, terrain, amendement, marne, déchausser, binage, plantation, semailles, semis, variété, rouleau, herse, automne, printemps, rompre, recouvrir, améliorer, détruire.

---

42. — **Travaux des Champs** (*Suite*).

Dans le Nord, on arrose les plantes potagères avec un arrosoir.

Dans les pays chauds, on pratique des canaux pour l'arrosement, l'irrigation des prairies.

Certains arbres se greffent à la sève montante, d'autres à la sève descendante.

S'ils n'étaient pas entés, les sauvageons ne donneraient que des fruits de médiocre grosseur et de mauvaise qualité.

La taille des arbres demande certaine expérience.

On taille le mûrier dès qu'on a fait la cueillette des feuilles.

Les betteraves, le colza, veulent être sarclés, esherbés.

D'ordinaire, ce sont des femmes qui travaillent au sarclage.

La fenaison est l'époque où se fait la récolte du foin, du fourrage.

La moisson est un des travaux les plus rudes.

Les vendanges ont lieu en automne.

La récolte des olives s'appelle Olivaison.

La tonte ou tondaille des troupeaux se fait au commencement de l'été.

Chauler le blé, c'est le faire tremper dans de l'eau de chaux avant de le semer.

Le chaulage a pour but de préserver le blé de certaines maladies, telles que la carie, le charbon.

Mots a épeler. — Arroser, arrosoir, arrosement, irrigation, canal, greffer, enter, sève, sauvageon, taille, cueillette, sarcler, esherber, sarclage, fenaison, fourrage, moisson, vendange, récolte, olivaison, tonte, tondaille, été, chauler, chaux, chaulage, semer, carie.

45. — **Parties constitutives d'un arbre.**

On distingue dans un arbre trois parties principales, savoir : la racine, le tronc, et les branches.

Chacune de ces parties a son utilité : Dieu n'a rien créé en vain.

La racine s'enfonce dans la terre. Elle y va puiser les sucs dont l'arbre se nourrit.

Le tronc s'élève au-dessus de la terre; il sert de support aux branches.

Le tronc se compose du bois et de l'écorce. Il en est de même des branches. On reconnaît aisément ces deux parties quand l'arbre est coupé.

Au milieu du bois se trouve une substance molle appelée Moelle.

L'écorce est recouverte d'une peau très-mince et transparente nommée Epiderme.

L'épiderme est très-facile à distinguer dans les jeunes branches.

Les branches se divisent en rameaux, et les rameaux en ramilles.

C'est de ces petites branches que

naissent les feuilles et les fleurs.

Les feuilles, comme les racines, servent à la nourriture de l'arbre.

Les fleurs produisent les fruits. Leur étude est des plus intéressantes.

Les fruits renferment les graines. Les graines placées dans la terre donnent, avec le temps, un végétal semblable à celui dont elles proviennent.

MOTS À ÉPELER. — Arbre, racine, puiser, suc, tronc, support, bois, écorce, moelle, épiderme, branche, rameau, ramille, feuille, fleur, fruit, graine, végétal, utilité, savoir, aisément, milieu, recouvert, distinguer, naître, produire.

---

44. — Arbres produisant du bois de construction, de chauffage.

Le chêne est le roi des forêts.

Le hêtre ou fayard et le frêne sont aussi de fort grands arbres.

Le fruit du hêtre se nomme Faîne.

L'yeuse ou chêne vert croît fort lentement. Son bois est d'une dureté remarquable.

Le platane fait de magnifiques avenues. On sait que son écorce tombe par plaques.

Le châtaignier se plaît sur les Cevennes.

L'ormeau atteint à de grandes proportions. Son bois est fort usité en charronnerie.

Le peuplier et le saule se plaisent dans les terrains humides.

L'osier est une espèce de saule dont les branches sont très-flexibles.

L'érable a des feuilles découpées. Son bois, agréablement veiné, est employé dans la menuiserie et l'ébénisterie.

Le sycomore est une espèce d'érable.

Le fruit du micocoulier [1] est noirâtre et ressemble à une petite cerise. Son bois est très-dur.

Le faux pistachier, appelé vulgairement Térébinthe ou Pudis, croît naturellement dans le département du Gard.

Le pin et le sapin, qui se ressemblent sous plus d'un rapport, peuvent se distinguer à leurs feuilles.

---

1 Improprement appelé *Alisier*.

Les feuilles du pin naissent deux ou plusieurs ensemble, réunies à leur base par une gaîne; celles du sapin sont solitaires.

Le bois du pin est excellent pour toutes sortes de constructions.

Le sapin croît naturellement dans les pays froids et sur les hautes montagnes.

Son tronc, qui s'élève parfois à plus de quarante mètres, sert à faire des mâts de navire.

Mots a épeler. — Chêne, forêt, hêtre, fayard, frêne, faîne, yeuse, platane, châtaignier, ormeau, peuplier, saule, osier, érable, sycomore, micocoulier, térébinthe, pin, sapin, gaîne, solitaire, avenue, humide, excellent, charronnerie, menuiserie, ébénisterie.

----

45. — Arbres produisant du bois de construction, de chauffage (*Suite*).

On appelle Cône le fruit écailleux du pin, du sapin.

Le cône du pin se désigne encore sous le nom de Pomme de pin.

Le mélèze est le seul des arbres produisant des cônes, qui perd ses feuilles tous les ans. Il croît principalement dans les Alpes, près des glaciers. Son bois rouge est presque incorruptible; on l'emploie dans les constructions navales.

Le cyprès est l'arbre des tombeaux. Il passe pour purifier l'air.

Au moyen de la taille, on donne à l'if les formes les plus bizarres. Son bois est employé dans l'ébénisterie.

Le tremble est une espèce de peuplier, ainsi nommé à cause de l'agitation que ses feuilles éprouvent au moindre vent.

L'aube est aussi un espèce de peuplier.

Ce qui distingue surtout le bouleau des autres arbres de nos forêts, c'est la facilité avec laquelle les couches qui composent son écorce peuvent se séparer.

L'aune croît le long des ruisseaux et dans les lieux humides. Ses feuilles sont gluantes et velues. Son bois ne s'altère pas dans l'eau.

Le charme est un arbre médiocre,

au tronc tortueux et souvent couvert de lichens. *

On en forme des haies, des palissades, que l'on taille avec soin. Il porte alors le nom de Charmille.

Le bois du charme est très-dur.

Mots a épeler. — Cône, écailleux, mélèze, rouge, naval, cyprès, tombeau, purifier, if, bizarre, tremble, agitation, aube, bouleau, aune, gluant, velu, charme, médiocre, tortueux, lichen, haie, palissade, charmille, glacier, espèce, moindre.

---

46. Arbrisseaux et arbustes croissant dans les haies, les buissons.

Un arbrisseau est plus petit qu'un arbre. Un arbuste est plus petit qu'un arbrisseau.

L'aubépine, appelée encore Mai ou Epine-blanche, donne des fleurs de l'odeur la plus suave.

Le troène n'est pas épineux. Ses petites fleurs blanches disposées en bouquet produisent des baies noires.

Les feuilles, ainsi que les baies rouges

---

* Prononcez *Likène*.

et allongées de l'épine-vinette, sont d'un goût très-acide.

La prunelle ou fruit du prunellier est acerbe, âpre, rude au goût.

Les branches du sureau renferment une moelle abondante. Les enfants font avec ces branches des clifoires et des canonnières.

Le grenadier sauvage croît naturellement dans les départements du Midi.

Le houx est un arbuste toujours vert. Ses feuilles sont hérissées d'épines. Il produit des baies d'un rouge éclatant.

Le buis n'atteint jamais une grande hauteur. La couleur et la dureté de son bois sont connues.

L'églantier est une espèce de rosier à fleurs simples et peu odorantes.

On nomme Eglantines les fleurs de l'églantier.

Mots a épeler. — Arbrisseau, arbuste, aubépine, mai, épine-blanche, odeur, suave, troène, baie, épine-vinette, prunelle, acide, acerbe, âpre, rude, prunellier, sureau, clifoire, canonnière, grenadier, houx, hérissé, buis, églantier, églantine, sauvage, toujours.

47.— Arbrisseaux et arbustes croissant dans les haies, les buissons *(Suite)*.

On trouve parfois dans les haies une sorte de groseillier épineux.

Le fruit de la ronce a reçu le nom de Mûre sauvage.

Le tamaris se plaît dans les sables. C'est un des arbustes qui poussent les plus longues racines.

Le cornouillier produit des fruits oblongs, à noyau, et d'un beau rouge dans leur maturité.

La vigne sauvage, autrement nommée Lambruche ou Lambrusque, croît souvent dans les haies.

Le lierre grimpe après le tronc des grands arbres.

La douce-amère et la belladone produisent des fruits vénéneux.

Les fleurs de la viorne sont disposées en manière d'ombelle. Il leur succède des baies oblongues, d'abord verdâtres, rouges ensuite, et enfin de couleur noire quand elles sont mûres.

Le fusain, connu sous le nom de

Bonnet de prêtre, de Bonnet carré, produit des fruits d'un rouge vif et à quatre divisions.

Le nerprun a des rameaux souvent terminés en épines. Il produit des baies nombreuses qui deviennent noires en mûrissant et dont certaines espèces sont employées en teinture.

Mots a épeler. — Groseillier, épineux, ronce, mûre, tamaris, sable, cornouillier, oblong, noyau, maturité, lambruche, lambrusque, lierre, douce-amère, belladone, vénéneux, viorne, ombelle, verdâtre, fusain, prêtre, carré, vif, nerprun, teinture, mûrissant.

48. — **Arbres et arbustes à fruits.**

L'amandier fleurit avant la fin de l'hiver. — Le pêcher et l'abricotier le suivent de près. — Le prunier fleurit vers la même époque.

Les fleurs du pommier et celles du poirier se ressemblent. Les unes et les autres forment des bouquets. Mais la manière dont les bouquets sont disposés est différente. Dans un bouquet de fleurs de pommier, les pédoncules ou supports des fleurs partent d'un même point, comme les fourchettes d'un parapluie ou d'une ombrelle. Dans un bouquet de fleurs de poirier, les pédoncules partent de points différents.

Le coing ou fruit du cognassier ressemble à une grosse poire. — Le coing sauvage se nomme Cognasse.

On distingue plusieurs espèces de cerisiers. Nous nommerons le guignier, le bigarreautier, le griottier. Ces arbres ont des aspects différents. Leurs fruits n'ont pas non plus la même forme.

La guigne a la forme d'un cœur. — Le bigarreau est une fort grosse guigne. La griotte est une grosse cerise ronde, noirâtre et à courte queue.

MOTS A ÉPELER. — Amandier, hiver, pêcher, abricotier, prunier, époque, pommier, poirier, bouquet, pédoncule, cognassier, cognasse, coing, cerisier, guignier, bigarreautier, griottier, aspect, noirâtre, ressembler, ombrelle, court, gros, fort, différent.

8

49. — **Arbres et arbustes à fruits**
(*Suite*).

Le groseillier donne des fruits en grappe, blancs, rouges ou noirs.

Le groseillier à fruits noirs est appelé Cassis *.

Les feuilles et les fruits du cassis sont odorants.

Le cormier ou sorbier ne produit que de petits fruits, bien qu'il atteigne une grande hauteur. Son bois est fort dur.

Les fruits du néflier ne mûrissent que pendant l'automne.

La vigne qui croît dans les terrains pierreux donne le meilleur vin.

Le noisetier a des fleurs en chaton, mais ce ne sont pas celles qui donnent des fruits.—Il en est de même du noyer.

Le bois du noyer est très-employé en menuiserie.

L'olivier est originaire des pays chauds.

Dans la Provence, l'oranger et le citronnier se cultivent en pleine terre.

---

* Prononcez *cacice*.

Le grenadier à fruits n'est pas connu dans le nord de la France. — Il en est de même du pistachier et du jujubier.

Le figuier réussit beaucoup mieux dans le Midi que dans le Nord.

Mots a épeler. — Groseillier, cassis, cormier, sorbier, atteindre, dur, néflier, vigne, pierreux, noisetier, chaton, noyer, olivier, originaire, oranger, citronnier, grenadier, France, Provence, pistachier, jujubier, figuier, Midi, Nord, plein.

50. — Arbres et arbustes d'agrément.

Le marronnier est remarquable par la beauté de ses fleurs et de son feuillage.

L'arbre de Judée ou gaînier n'est point exotique, comme son nom le suppose ; il croît naturellement dans le midi de la France.

On fait de très-jolies avenues avec l'acacia.

Le lilas fleurit au printemps. C'est un des plus jolis arbrisseaux connus.

Le cytise ou faux ébénier a des fleurs en grappe d'un beau jaune.

L'althæa * est un arbrisseau dont les fleurs ressemblent à celle de la mauve.

Le seringa a des fleurs blanches très-odorantes. Il est imprudent d'en garder dans une chambre pendant la nuit.

Le laurier rose est aussi appelé Nérion. — Le laurier amande est remarquable par la beauté de ses feuilles.

Le laurier-tin donne de petites fleurs blanches disposées en bouquets ; à ces fleurs succèdent de petites baies d'un assez joli bleu foncé.

On cultive dans les jardins le genêt à fleurs odorantes.

Le chèvrefeuille et le jasmin sont des plantes grimpantes.

Le grenadier à fleurs doubles ne produit pas de fruits.

On compte plus de douze cents variétés de rosiers.

Le myrte ne se cultive guère que dans des vases.

La fleur de la coronille [1] exhale un doux parfum.

---

* Prononcez *Altéa*.

1 En languedocien, *trifolion*.

On nomme Buisson-ardent une espèce d'aubépine dont les fruits, réunis en gros bouquets, sont d'un rouge de feu.

Mots a épeler. —Marronnier, gaînier, exotique, acacia, lilas, cytise, ébénier, grappe, jaune, althæa, seringa, laurier, nérion, laurier-tin, genêt, chèvrefeuille, jamin, rosier, myrte, coronille, exhaler, parfum, buisson-ardent, rose, beau, fleurir, odorant.

51. — Utilité de certains végétaux. Racines.

La pomme de terre est ce qu'on appelle un Tubercule.

Le topinambour et la patate sont aussi des tubercules.

Les plantes qui les produisent n'ont aucune ressemblance avec celle qui produit la pomme de terre.

Le topinambour a un goût qui rappelle celui de l'artichaut. — La patate est douce et sucrée.

Un ognon est une bulbe. — L'ail et l'échalote sont aussi des bulbes.

On fait du sucre avec certaine espèce de betterave.

Le salsifis et la scorsonère ont beaucoup de ressemblance.

Le navet est d'une forme plus allongée que la rave.

Le chou-rave et le chou-navet sont deux espèces de chou dont l'un a une rave et l'autre un navet pour racine.

Le jus de la carotte est employé dans la guérison de certaines maladies.

Le raifort, le radis, la petite-rave, sont antiscorbutiques.

C'est avec la racine de la chicorée sauvage qu'on fait le café dit de chicorée.

Le tapioka est une fécule extraite de la racine d'une plante exotique appelée Manioc. On la recommande aux malades. — On recommande également le salep.

Le salep est la bulbe desséchée et pulvérisée de certaines plantes d'Orient.

Pour un enfant qui met des dents, un morceau de racine de guimauve vaut mieux qu'un hochet de prix.

La réglisse est la racine de la plante du même nom.

La tisane de racine de chiendent est rafraîchissante.

La racine de la garance fournit une espèce de couleur rouge très-estimée.

La racine du berbéris, appelée encore Épine-vinette ou vinetier, donne une couleur jaune.

Mots à épeler.— Pomme de terre, tubercule, topinambour, patate, ognon, bulbe, ail, échalote, betterave, salsifis, scorsonère, navet, rave, carotte, raifort, radis, antiscorbutique, chicorée, tapioka, manioc, salep, réglisse, chiendent, garance, berbéris.

52. — Utilité de certains végétaux. Tige, tronc, branches.

Le bois, qui nous vient du tronc et des branches des arbres, est une des substances les plus utiles à l'homme par ses usages multipliés.

Les branches flexibles de l'osier servent à faire des paniers, des corbeilles, des vans, des claies, des hottes.

On fait des fourches avec les branches du micocoulier.

On fait des balais avec certaine espèce de genêt, avec de la bruyère et les menues branches du bouleau.

On trouve de la gomme sur l'abricotier, le prunier, l'amandier, le pêcher.

Les gommes sont adoucissantes.

On retire de la gomme-gutte une belle couleur jaune.

La gomme élastique vient d'Amérique. On peut la fondre et lui donner les formes les plus diverses.

La résine suinte du tronc et des branches du pin, du sapin, du mélèze, du térébinthe.

On tire des mêmes arbres la poix, la colophane, la térébenthine, le goudron.

La manne avec laquelle on purge les enfants découle de certaines espèces de frène.—Le mélèze produit aussi une sorte de manne.

On appelle Vin de palmier, Vin d'érable, la sève du palmier, de l'érable, qu'on boit fraîche dans certains pays.

La canne à sucre est une espèce de roseau.

MOTS A ÉPELER. — Flexible, corbeille, van, claie, hotte, balai, bruyère, gomme, adoucissant, jaune, élastique, Amérique, poix, colophane, térébenthine, goudron, manne, purger, palmier, sève, canne, roseau, micocoulier, donner, divers.

===

53. — Utilité de certains végétaux. Tige, tronc, branches (*Suite*).

L'asperge est originaire d'Asie.

On fait des confitures avec les branches de l'angélique.

Le sagou est une fécule qu'on retire de la moelle de plusieurs espèces de palmiers et principalement du sagoutier. Il se mange en potage.

On fait aussi une espèce de sagou avec la fécule de pomme de terre.

Le chanvre est l'écorce d'une plante du même nom.

On tire de la tige du lin une filasse douce et moelleuse.

On fait une corde grossière avec l'écorce des jeunes branches du tilleul.

Le tan n'est autre chose que l'écorce de chêne réduite en poudre.

En Norwège et dans le nord de la Suède, on couvre les maisons avec l'écorce de bouleau.

Le liége est l'écorce d'une espèce de chêne qui croît dans le midi de la France et en Espagne.

La canelle est l'écorce d'une espèce de laurier originaire des pays chauds.

Le quinquina est l'écorce d'un arbre d'Amérique. — La quinine s'extrait du quinquina. On sait que cette substance est fébrifuge.

Le camphre est la gomme odorante d'une espèce de laurier des Indes.

Le fusain réduit en charbon s'emploie pour tracer des esquisses légères.

C'est de l'écorce du houx qu'on tire la glu avec laquelle on prend les oiseaux.

Mots a épeler.— Asperge, originaire, Asie, angélique, sagou, sagoutier, chanvre, lin, filasse, moelleux, tan, Norwège, Suède, liége, France, Espagne, canelle, pays, quinquina, quinine, fébrifuge, camphre, fusain, esquisse, glu, extrait, tracer.

54. — Utilité de certains végétaux. Feuilles.

L'herbe sert à la nourriture d'une foule d'animaux.

Le ver-à-soie préfère à toute autre feuille celle du mûrier.

Dans certains pays, on nourrit les agneaux, pendant l'hiver, avec les feuilles desséchées de l'ormeau.

Le chou-quintal pèse de trente-huit à quarante kilogrammes. C'est avec ses feuilles qu'on fait la choucroûte.

La culture a fait du céleri une plante saine et agréable. — On dit Du céleri et non Des céleris.

Les épinards sont originaires de l'Asie centrale. Ils se digèrent facilement.

L'oseille a une saveur acide. — On dit, De l'oseille et non Des oseilles.

On assaisonne les mets avec le persil, le laurier, le fenouil, le thym, la sauge, la menthe, la sariette.

Une foule de plantes se mangent en salade. Parmi celles que l'on cultive, nous nommerons la laitue, le chicon ou laitue romaine, l'escarole, la chicorée ou endive.

La bourcette, la mâche, la doucette sont des salades d'hiver.

Le pissenlit n'est pas cultivé. Il en est de même de la raiponce.

Le pourpier [1] se mange cuit ou en salade.

Le cresson de fontaine est antiscorbutique. — Le cresson alénois a la même propriété.

On assaisonne la salade avec de l'estragon, de la pimprenelle, de la civette, du cerfeuil.

Le poireau ne s'emploie guère que dans les potages.

On excite la digestion au moyen d'une infusion de thé, de feuilles d'oranger, de mélisse ou citronnelle [2].

Le thé est la feuille d'un arbuste originaire de la Chine.

C'est des feuilles d'une plante appelée Nicotiane [*] qu'on fait le tabac.

Au milieu des larges feuilles de la bette

---

1 *Bourtoulaïgo.*— 2 *Limounéto.*

* Prononcez *Nicociane.*

ou poirée se trouve une côte épaisse appelée Carde.

Le cardon, qu'on nomme improprement Carde dans quelques pays, est une plante qui ressemble beaucoup à l'artichaut.

Mots a épeler.— Mûrier, chou, céleri, épinards, oseille, persil, fenouil, thym, sauge, menthe, sariette, laitue, chicon, escarole, chicorée, endive, bourcette, mâche, doucette, pissenlit, raiponce, pourpier, cresson, alénois, estragon, pimprenelle, civette, cerfeuil, poireau, thé, mélisse, citronnelle, nicotiane, tabac, bette, poirée, carde, cardon.

55.— Utilité de certains végétaux. Fleurs.

L'artichaut est une très-grosse fleur qui en contient un grand nombre de petites.

Les fleurs du houblon entrent dans la préparation de la bière.

Les clous de girofle sont les boutons desséchés d'un arbuste exotique appelé Giroflier.

Les câpres sont les boutons du câ-

prier confits dans le vinaigre. — Quand on laisse épanouir ces boutons, ils deviennent de belles fleurs blanches.

Les choux-fleurs sont d'une digestion facile.

Les capucines se mangent dans la salade.

Les étamines du safran sont employées en teinture. Elles entrent aussi dans la préparation de certains mets.

Les vases qui contiennent de l'eau de fleurs d'oranger ne demandent pas à être fermés hermétiquement.

L'eau de rose est astringente. On l'emploie dans certains remèdes nommés Colyres et dont on se sert pour guérir les yeux.

Les fleurs de tilleul sont excitantes.

Celles de mauve et d'althæa sont adoucissantes.

Les fleurs du sureau ont une propriété sudorifique. Il en est de même des pétales du coquelicot.

L'infusion de violette s'emploie dans le traitement des maladies de la peau.

On extrait des parfums d'une foule

de fleurs. Nous nommerons le jasmin, l'œillet, la tubéreuse.

MOTS A ÉPELER. — Artichaut, girofle, giroflier, bouton, câpre, câprier, confit, épanouir, chou-fleur, capucine, étamine, safran, remède, colyre, guérir, excitant, mauve, sudorifique, pétale, coquelicot, violette, œillet, tubéreuse, traitement, hermétiquement.

56. — Utilité de certains végétaux.
Fruits.

Le blé, l'orge, le seigle, le maïs, sont ce qu'on appelle des Céréales.

La touselle est un froment dont l'épi est sans barbes.

On entend par Méteil, du froment et du seigle mêlés ensemble.

La paumelle est une espèce d'orge.

Le sarrazin croît dans les terrains légers et peu profonds.

L'avoine ne sert pas seulement à nourrir les animaux. On en fait encore une farine et un gruau assez estimés.

L'orge perlé et l'orge mondé ne s'emploient guère que pour faire de la tisane.

Le riz fait la principale nourriture des Orientaux.

1 *Mil nègre*.

Les haricots, les fèves, les pois verts, les pois chiches, les lentilles, sont des légumes. --- Les plantes qui les produisent sont appelées Légumineuses.

Dans les légumineuses, l'enveloppe des graines se nomme Cosse ou Gousse.

Les pois sans cosse ou pois-goulus sont ceux dont la cosse est tendre et se mange.

Les plantes dont on extrait de l'huile sont dites Oléagineuses.

On fait de l'huile avec les olives, les noix, les amandes, les noisettes, l'œillette, le colza, les graines de lin, les faînes, etc.

L'huile d'olive est la plus estimée.

L'œillette est une sorte de pavot. On la cultive dans le nord de la France, où ne viennent ni l'olivier, ni le noyer.

Mots à épeler. — Seigle, céréale, touselle, méteil, sarrazin, perlé, mondé, haricot, fève, pois chiche, lentille, légume, légumineuse, cosse, gousse, goulu, oléagineuse, olive, noix, noisette, œillette, colza, pavot, oriental, enveloppe.

57. — Utilité de certains végétaux. Fruits (*Suite*).

Le colza est une espèce de navet. Son huile sert pour l'éclairage.

L'huile de lin n'est guère employée qu'en peinture.

Lorsqu'elle est fraîche, l'huile de faînes n'est bonne qu'à l'éclairage ; mais, en vieillissant, elle devient propre à entrer dans nos aliments.

Le poivre est le fruit d'une plante originaire des pays chauds.

La muscade est une noix odorante.

La moutarde est la graine piquante d'une plante dont la fleur a quelque ressemblance avec celle du chou, du navet, de la rave.

La vanille est renommée pour son parfum. C'est une espèce de gousse, de silique très-allongée.

Le fruit rouge du piment ou poivre long [1] a un goût très-piquant.

On tire une huile purgative de la graine du ricin ou palma-christi.

---

1 Nommé encore *Poivron*, *corail des jardins*.

On fait cuire la citrouille, la courge, l'aubergine, le concombre, la tomate ou pomme d'amour, pour les manger.

La pastèque, le melon, la fraise, se mangent crus.

Le cornichon se confit dans le vinaigre.

La coloquinte est une espèce de citrouille à fruit sphérique et dont la pulpe ou chair est très-amère et purgative.

On appelle Gourde une espèce de calebasse, de courge vide, dont les soldats, les pélerins, se servent en guise de bouteille.

MOTS A ÉPELER. — Muscade, moutarde, vanille, silique, piment, piquant, purgatif, palma-christi, citrouille, courge, aubergine, concombre, tomate, pastèque, melon, fraise, cornichon, coloquinte, sphériqne, pulpe, gourde, calebasse, pélerin.

---

58. — Utilité de certains végétaux.
Fruits (*Suite*).

On conserve la prune, la cerise, la figue, le raisin en les faisant sécher.

La prune sèche prend le nom de Pruneau.

La pomme, la poire, le coing sont des fruits à pepin.

La pêche, l'abricot le brugnon...... sont des fruits à noyau.

Les groseilles font de la gelée et un sirop excellents.

Les cormes ou sorbes ne se mangent que lorsqu'elles sont molles. Il en est de même des nèfles.

Le citron et le limon sont très-acides. Le cédrat ressemble au citron pour la forme, mais il est beaucoup plus volumineux.

La bergamote est une espèce d'orange d'une odeur très-agréable.

L'écorce de la grenade est astringente.

La cacao est un fruit exotique de la grosseur et de la forme d'un concombre. Ses graines, qu'on nomme aussi Cacao, servent à faire le chocolat.

L'amende, la noisette, la pistache, se mettent dans les dragées.

On fait aussi de tout petits bonbons avec de l'anis.

La noix verte sert à faire un ratafia appelé Brou de noix.

Le coton enveloppe les graines dans le fruit du cotonnier.

La pomme de pin sert au chauffage, et renferme des amandes bonnes à manger, nommées Pignons.

On appelle Bogue l'enveloppe piquante de la châtaigne.

Mots a épeler. — Prune, cerise, figue, raisin, pêche, pepin, noyau, nèfle, cédrat, volumineux, bergamote, grenade, astringent, cacao, pistache, dragée, brou, coton, cotonnier, pignon, bogue, châtaigne, bonbon, vert, molle, acide, brugnon.

59. — Des parties qui composent le corps des animaux.

La tête du sanglier se nomme Hure. Il en est de même de celle du brochet.

Le museau du levrier est très-allongé.

On appelle Mufle l'extrémité du museau du bœuf, du lion...

Les cochons déterrent les truffes avec leur groin.

Le groin du sanglier a reçu le nom de Boutoir.

L'éléphant se sert de sa trompe comme d'une main.

Les lèvres pendantes de la vache, du chien..., sont des babines.

On dit, La bouche d'un cheval, d'un âne, d'un bœuf, et La gueule d'un chien, d'un chat.

On tire de l'ivoire des défenses de l'éléphant.

On nomme Crochets les dents aiguës et perçantes du chien, du cheval.

Le toucan est l'oiseau qui a le plus gros bec.

On nomme Mandibules les deux parties supérieure et inférieure qui forment le bec des oiseaux.

Chez les oiseaux, les oreilles ne sont pas apparentes.

Les yeux de l'éléphant ne sont pas proportionnés à sa taille.

On appelle Bois les cornes du Cerf.

La crête du coq est regardée comme un mets friand.

L'alouette cochevis porte une huppe sur la tête.

Les ouïes, chez les poissons, servent à la respiration.

Le cou du cheval est orné d'une crinière.

La peau qui pend sous la gorge du bœuf se nomme Fanon.

Le devant du corps du cheval est le poitrail.--- Ce qu'on nomme l'Encolure s'étend depuis la tête jusqu'aux épaules et au poitrail. --- Le garrot termine l'encolure et se trouve au-dessus des épaules.

Mots a épeler. — Hure, museau, mufle, groin, boutoir, trompe, babine, gueule, ivoire, défense, éléphant, crochet, aigu, perçant, bec, mandibule, bois, corne, crête, huppe, ouïe, crinière, fanon, poitrail, encolure, garrot.

---

60. — Des parties qui composent le corps des animaux (*Suite*).

Certains animaux ont le corps couvert de poil, d'autres de plumes, d'autres d'écailles, d'autres d'une coquille.

On désigne sous le nom de Soies le poil long et rude du cochon et du sanglier. On fait des couvre-pieds, des couvertures avec le duvet d'une espèce de canard des pays septentrionaux.

La croupe du cheval est plus arrondie que celle des autres bêtes de charge.

Chez un grand nombre d'oiseaux, les plumes du croupion sont plus longues que les autres.

Le chameau a deux bosses, le dromadaire n'en a qu'une.

C'est des crins longs de la queue du cheval qu'on fait les mèches d'archet.

On dit Le pied d'un cheval, d'un bœuf, La patte d'un chien, d'un chat, d'un oiseau..., et La serre d'un aigle, d'un vautour.

Les pieds se terminent par un ou deux sabots, et les pattes par des ongles, des griffes.

On entend par Ergot le petit ongle rond et pointu qui vient derrière la patte du coq, du chien, et de certains animaux.

Les plumes à écrire se tirent des ailes de l'oie.

Les poissons se meuvent dans l'eau à l'aide de nageoires.

La mamelle de la vache, de le chèvre, de la brebis, se désigne sous le nom de pis *.

Mots a épeler. — Poil, plume, écaille, coquille, soies, duvet, croupe, croupion, bosse, chameau, dromadaire, crin, archet, patte, serre, aigle, vautour, sabot, ongle, griffe, ergot, aile, nageoire, pis, arrondir, rond, pointu.

61. — Quadrupèdes les plus connus.

Les quadrupèdes ** sont des animaux à quatre pieds.

Le cheval arabe sert à la chasse de l'autruche.

La jument est la femelle du cheval, et le poulin, le petit de la jument.

La jument se nomme encore Cavale.

Une pouliche est une jeune cavale.

L'âne est un de nos plus utiles serviteurs. On l'appelle quelquefois Baudet.

Le lait d'ânesse est très-employé contre les maladies de poitrine.

L'ânesse se nomme aussi Bourrique, et son petit, Anon ou Bourriquet.

* Prononcez *Pi*, ** *Couadrupède*.

Le mulet, la mule et le bardot ou jeune mulet, sont préférés aux autres bêtes de somme dans les pays montagneux.

Le bœuf traîne la charrue.

La vache nous donne d'excellent lait.

Le taureau sauvage est parfois dangereux.

La taure et la génisse sont de jeunes vaches.

Le veau est le petit de la vache.

On dépouille tous les ans les moutons de leur épaisse toison.

Le bélier a des cornes recourbées.

On fait du fromage du lait de la brebis.

L'agneau sait retrouver sa mère au milieu du troupeau. — Un agnelet est un tout jeune agneau.

MOTS A ÉPELER. — Quadrupède, cheval, jument, femelle, poulin, cavale, pouliche, âne, baudet, ânesse, bourrique, ânon, bourriquet, mulet, mule, bardot, bœuf, vache, taureau, taure, génisse, veau, mouton, bélier, brebis, agneau, agnelet,

62. --- **Quadrupèdes les plus connus**
(*Suite*).

Le bouc exhale une odeur puante.

Quelquefois la chèvre ou bique sert de nourrice à un enfant.

Le chevreau est aussi nommé Cabri ou Biquet.

Le cochon est d'une malpropreté dégoûtante. — On lui donne encore les noms de Porc, de Pourceau.

Le verrat est le mâle, et la truie, la femelle du cochon. — La truie s'appelle autrement Coche. — En plaisantant, on nomme Gorets les petits de la truie.

Le chien est un des animaux qui présentent le plus de variétés. Nous nommerons le dogue, le mâtin, le danois, le barbet ou caniche, le levrier, le basset, l'épagneul, le bichon, le carlin.

On appelle Roquet un petit chien très-commun.

La femelle du barbet se nomme Barbette, et celle du levrier, Levrette.

On dit quelquefois, mais rarement, Une lice pour Une chienne.

Un gros chat est un matou.

Le chaton est un jeune chat. — La griffe de la chatte est à craindre lorsqu'elle a des petits.

Le chat angora a de longs poils.

Mots a épeler. — Bouc, chèvre, bique, chevreau, cabri, biquet, cochon, porc, pourceau, verrat, truie, coche, goret, chien, dogue, mâtin, danois, barbet, caniche, levrier, basset, épagneul, bichon, carlin, roquet, lice, barbette, levrette, chat, matou, chaton.

63. — **Quadrupèdes les plus connus**
(*Suite*).

Le sanglier est un cochon sauvage. On l'apprivoise aisément quand il est pris en bas âge. — Les petits de la laie sont des Marcassins.

Le cerf et le chevreuil ne se trouvent guère que dans les parcs.

Le faon * est le petit de la biche. — La biche n'a pas de cornes.

Le loup ressemble beaucoup au chien.

Les petits de la louve se nomment Louveteaux.

* Prononcez *Fan*.

On regarde le renard comme un des animaux les plus rusés.

La femelle du renard est appelée Renarde, et les petits, Renardeaux.

La fouine, comme le renard, fait parfois de grands dégâts dans les poulaillers.

Beaucoup de personnes ignorent que la femelle du lièvre se nomme Hase. — Ce nom s'applique aussi à la femelle du lapin; mais le mot Lapine est plus usité.

Un lapereau est un jeune lapin, et un levraut, un jeune lièvre.

On se sert quelquefois du furet pour forcer le lapin à sortir de son terrier.

Le rat est beaucoup plus gros et plus vorace que la souris. On ne doit donc pas les confondre ensemble.

La taupe a des yeux si petits, qu'elle passe pour n'en point avoir.

Mots a épeler. — Sanglier, laie, marcassin, cerf, chevreuil, faon, biche, loup, louve, louveteau, renard, renarde, renardeau, fouine, lièvre, hase, levraut, lapin, lapereau, furet, terrier, rat, souris, vorace, taupe, dégât.

64. — Oiseaux les plus connus.

Le coq est fier et querelleur.

Les œufs de poule sont une grande ressource pour la campagne.

En grandissant, les poussins deviennent des poulets.

Les jeunes coqs sont des cochets, et les jeunes poules, des poulettes.

Les dindons mangent gloutonnement.

Le dindon mâle est aussi appelé Coq-d'Inde.

La dinde, ou femelle du dindon, est autrement appelée Poule-d'Inde.

Les dindonneaux sont très-difficiles à élever.

Le cygne, l'oie et le canard sont des oiseaux nageurs. — La forme de leurs pieds les a fait appeler Palmipèdes.

La cane conduit de bonne heure ses canetons à la rivière.

L'oie y mène aussi ses oisons.

Le mâle de l'oie est un jars.

Le paon * a un magnifique plumage.

La paonne * et les paonneaux *, ses

* Prononcez *Pan*, *pane*, *panô*.

petits, sont, à beaucoup près, moins bien partagés.

Quoiqu'elle vive en domesticité, la pintade est toujours un peu sauvage.

On n'élève guère les faisans que dans les maisons riches.

Le pigeon se nomme aussi Colombe.

Le pigeon et la pigeonne couvent alternativement leurs œufs. Et quand les œufs sont éclos, ils appâtent aussi tous deux les pigeonneaux, leurs petits.

Les tourterelles, mâle et femelle, ont le même soin de leurs tourtereaux.

MOTS A ÉPELER. — Coq, poule, poussin, poulet, poulette, cochet, dindon, coq-d'Inde, dinde, dindonneau, cygne, oie, oison, jars, canard, cane, caneton, paon, paonne, paonneau, pintade, faisan, pigeon, pigeonne, colombe, pigeonneau, tourterelle, tourtereau.

---

65. — Oiseaux les plus connus (*Suite*).

Les perdrix les plus connues sont la rouge et la grise.

Dès que les perdreaux sont éclos, ils courent dans les blés avec leur mère.

La calandre est une espèce d'alouette qui imite aisément le chant des autres oiseaux.

La caille est un oiseau de passage. Les jeunes cailles sont des cailleteaux.

La grive se nourrit, en automne, des baies odorantes du genévrier.

C'est à la longueur de leur bec que la bécasse et la bécassine doivent leur nom.

La macreuse, la sarcelle, la poule-d'eau et le plongeon sont des oiseaux aquatiques.

Le moineau est très-effronté.

Le chardonneret est ainsi appelé, parce qu'il mange la graine d'une espèce de chardon.

Rien n'est agréable comme le chant du rossignol par une belle nuit d'été.

Le serin jaune est originaire des îles Canaries.

Le merle a le plumage noir et le bec jaune.

Les hirondelles détruisent une foule d'insectes qui nuisent à nos récoltes. C'est donc bien à tort qu'on leur fait la chasse dans certains endroits.

La femelle du perroquet se nomme Perruche.

Le corbeau s'apprivoise aisément.

La pie porte encore le nom d'Agasse.

La pie-grièche [1] est très-commune dans le Gard.

Le hibou, le chat-huant, la chouette, ne volent que de nuit.

La chauve-souris [2] n'est pas un oiseau.

Mots a épeler. — Perdrix, perdreau, allouette, calandre, caille, cailleteau, grive, bécasse, bécassine, macreuse, sarcelle, plongeon, moineau, chardonneret, rossignol, serin, merle, hirondelle, perroquet, perruche, corbeau, pie, agasse, pie-grièche, hibou, chat-huant, chouette, chauve-souris.

66. — Poissons, reptiles.

On divise les poissons en poissons de mer et en poissons d'eau douce.

La baleine est le plus gros de tous les poissons. Ce gros animal ne se trouve que dans les mers froides.

Le requin est un poisson très-dangereux et redouté des marins. Malheur à

---

1 *Tarnagasse.* — 2 *Rato-pénado.*

l'imprudent nageur qui se laisse surprendre par lui!

Le thon est un des plus gros poissons qu'on pêche dans la Méditerranée.

La morue ou merluche se pêche principalement sur les côtes de Terre-Neuve et de Norwége. On la conserve en l'ouvrant et en la salant.

Les arêtes de la raie sont assez grosses, mais elles ont peu de consistance.

Le muge s'élance parfois hors de l'eau.

La dorade tire son nom de sa couleur d'or.

La chair du merlan est assez estimée.

La sole est un poisson très-plat et de forme allongée.

Le maquereau se prend ordinairement à la ligne.

Le rouget a des écailles d'un rouge vif. Il se trouve surtout dans la Méditerranée.

On sale les harengs et les sardines dans des barils appelés Caques. — Le hareng fraîchement salé se nomme Hareng-pec. — On entend par Hareng-saur ou sauret, le hareng qui, après être resté environ un jour dans la saumure, a été à demi séché à la fumée.

La sardine salée est encore appelée Harengade.

L'anchois est un poisson plus fin que la sardine.

Mots a épeler. — Poisson, baleine, requin, thon, morue, merluche, raie, arête, muge, dorade, merlan, sole, maquereau, rouget, hareng, sardine, caque, hareng-saur, saumure, harengade, anchois, nageur, pêche, consistance, chair, surprendre,

67. Poissons, reptiles (*Suite*).

La carpe est peu recherchée à cause de ses nombreuses arêtes.

La tanche a quelque ressemblance avec la carpe, mais ses écailles sont beaucoup plus petites.

Le barbeau ou barbot doit son nom aux barbes qu'il a à la gueule. Ses œufs sont un violent purgatif.

Le goujon et le gardon se mangent en friture.

Le brochet est très-vorace.

La truite remonte les courants d'eau les plus rapides.

La lamproie est une anguille qui a plusieurs trous à la tête.

On nomme Crustacés certains animaux qui vivent dans l'eau , et qui, de même que l'écrevisse , sont recouverts d'une enveloppe solide ou croûte , assez semblable à une cuirasse.

Le homard et la langouste sont de grosses écrevisses de mer.

La crevette a quatorze pattes. Elle n'a point de pinces comme l'écrevisse.

Le cancre est un crustacé à courte queue.

Le crabe est une espèce de cancre très-gros.

La salamandre est un lézard aquatique.

La tortue traîne avec elle sa maison.

Le crapaud est hideux.

La reinette est une petite grenouille verte.

La couleuvre est un serpent sans venin.

La vipère et l'aspic sont dangereux , surtout dans les pays chauds.

L'orvet [1], appelé encore Aveugle, est un serpent dont le corps se rompt facilement. Il est tout-à-fait inoffensif.

Le lézard gris habite les vieilles murailles.— Le lézard vert se laisse approcher difficilement, et se défend avec courage quand on veut le saisir.

Mots a épeler. — Carpe, tanche, barbeau, barbot, goujon, gardon, brochet, truite, lamproie, anguille, crustacé, écrevisse, homard, langouste, crevette, quatorze, cancre, crabe salamandre, lézard, aquatique, tortue, crapaud, reinette, grenouille, couleuvre, serpent, venin, vipère, aspic, orvet.

68. — Insectes, mollusques, vers.

Dès que le froid se fait sentir, les mouches se hâtent de se réfugier dans nos maisons.

Ce n'est qu'à force de soins et de propreté qu'on parvient à se défendre des poux, des puces, des punaises.

L'araignée se nourrit des insectes qui se prennent dans ses filets.

---

1 *Nadieul, naduel, ladiel, laduel.*

Les blattes [1] sortent la nuit de leurs trous pour ramasser les miettes de pain qu'on a laissées tomber dans la cuisine, dans la salle à manger.

On se défend la nuit de l'attaque des cousins au moyen d'un rideau de gaze appelé Cousinière.

Le cousin est une espèce de moucheron.

Il n'est pas rare d'entendre chanter le grillon [2] dans les boulangeries.

Le cloporte se roule en boule quand il se croit en danger.

Dans nos pays, la piqûre du scorpion est rarement dangereuse.

Le charançon, qui a une espèce de museau pointu ou de bec, parvient à s'introduire dans le blé, les pois verts, et dans d'autres produits de nos champs, de nos jardins.

Certaines chenilles s'enferment dans un cocon avant de se métamorphoser en papillon.

De toutes les chenilles, le ver-à-soie est la plus utile.

1 *Babaroto* ou *panatiéiro.* — 2 *Cri-cri.*

Mots a épeler. — Insecte, mollusque, mouche, puce, pou, punaise, araignée, blatte, cousin, cousinière, moucheron, grillon, cloporte, scorpion, piqûre, charançon, chenille, métamorphoser, papillon, ver-à-soie, danger, réfugier, soie, filet, boulangerie.

69. — Insectes, mollusques, vers
(Suite).

La courtilière ou taupe-grillon dévore les racines des plantes.

Avec quel art admirable l'abeille compose son miel !

La guêpe a le corps plus élancé que l'abeille. Elle vit aussi d'une manière différente. On la voit parfois s'attaquer à la viande de boucherie et surtout au foie de certains animaux.

Le frelon est une espèce de grosse guêpe dont la piqûre est fort à craindre.

La fourmi ne mange pas pendant l'hiver. Elle reste engourdie comme la plupart des autres insectes.

On ne voit point de cigales quand la bise se fait sentir.

La coccinelle [1] est vulgairement appelée Bête à Dieu.

Quelques-uns confondent la cantharide avec la pyrale; c'est bien à tort. La pyrale s'attaque seule aux bourgeons de la vigne. La cantharide vit sur les branches du frêne et du lilas.

On mange, dans certains pays, une espèce de grosse sauterelle.

Le ver-luisant n'est pas le seul insecte qui brille pendant la nuit.

La mante [2] se fait remarquer par la longueur démesurée de son corps et de ses pattes.

La demoiselle est un des insectes ailés les plus gracieux.

La cétoine dévore les roses qui épanouissent au printemps.

Le perce-oreille est un insecte dont l'abdomen [*] se termine par deux crochets en forme de tenaille. On en trouve quelquefois dans certains fruits.

Mots a épeler. — Courtilière, taupe-grillon, abeille, guêpe, frelon, fourmi, cigale, cocci-

---

1 *Galinéto dou boun Diou.* — 2. *Prégo-Diou, prégo-diablé* ou *cabréto.* — [*] Prononcez *Abdoméne.*

nelle, cantharide, pyrale, sauterelle, ver-
luisant, mante, demoiselle, cétoine, perce-
oreille, abdomen, admirable, attaquer, foie,
hiver, engourdir, sentir, longueur, gracieux,
épanouir.

70. — Insectes, mollusques, vers
(Suite).

Le cerf*-volant [1] et le rhinocéros **
sont les plus gros coléoptères de nos pays

Le premier a deux longues cornes
qui rappellent celles du cerf. Le second
n'en a qu'une petite.

Les hannetons dévorent les fleurs des
arbres à fruit.

Les insectes qui s'attachent à la queue
et aux boutons des roses sont des puce-
rons.

En général, les coquillages de la mer
peuvent se manger crus.

La moule, ainsi que l'huître, est en-
fermée entre deux coquilles.

C'est surtout avec le coquillage appelé Casque que l'on fait des camées.

Le limaçon craint la sécheresse et le
froid.

---

* Prononcez *cer* — 1 *Manjo-péiro*. — ** Prononcez l'*s*.

Le nom d'Escargot, que l'on donne à tous les limaçons, s'applique plus particulièrement au limaçon des vignes.

La limace a quelque ressemblance avec le limaçon, mais elle n'a point de coquille.

On trouve des vers dans la terre, dans l'eau, dans les plantes, et jusque dans le corps des animaux.

La sangsue est une espèce de ver.

Le lombric est connu sous le nom de Ver de terre.

Mots a épeler. — Cerf-volant, rhinocéros, coléoptère, hanneton, puceron, coquillage, moule, huître, coquille, coquillage, casque, camée, limaçon, sècheresse, escargot, limace, ver, sangsue, lombric, petit, général, surtout, froid, particulièrement, ressemblance, jusque.

71. — Météores.

Le jour est produit par la lumière du soleil.

Il est bon de s'accoutumer de bonne heure à marcher dans l'obscurité.

On entend par Crépuscule la lumière qui précède le lever du soleil et celle

qui reste après le soleil couché jusqu'à
la nuit.

Le crépuscule du matin est ordinairement appelé Aurore.

Ce n'est qu'après la pluie qu'on voit
briller l'arc-en-ciel.

Quelquefois, par une nuit obscure,
on voit au ciel et du côté du Nord, une
lumière qui semble causée par un grand
incendie. Ce phénomène bien connu est
appelé Aurore boréale. Ce n'est point le
présage d'un événement sinistre, comme
le croient les gens ignorants et supers-
titieux.

Durant les nuits chaudes de l'été, on
voit parfois aussi, dans les lieux marécageux, briller de petites lumières qui
s'évanouissent bientôt. C'est ce qu'on
appelle les Feux follets. Ce phénomène
est dû à certains gaz qui s'enflamment
en s'échappant de la terre. On conçoit
que rien n'est plus inoffensif.

Mots a épeler. — Météore, jour, lumière,
soleil, obscurité, crépuscule, aurore, arc-en-
ciel, briller, nuit, boréal, présage, événement,

sinistre, ignorant, marécageux, follet, phénomène, inoffensif, accoutumer, heure, lever,
matin, nord, incendie.

72. — Météores (*Suite*).

L'éclair est le précurseur du tonnerre.

On a remarqué que la foudre ne
tombe guère sur les arbres résineux.

Les paratonnerres préservent les édifices de la foudre.

Le vent n'est autre chose que l'air
agité.

Le zéphyr est un vent doux qui souffle
l'été, et la bise, un vent glacé qui souffle
du Nord pendant l'hiver.

On donne le nom de brise à certains
vents qui soufflent alternativement de
la mer vers les côtes, et des côtes vers
la mer.

La tempête est une violente agitation
de l'air, souvent accompagnée de pluie,
de grêle, de tonnerre.

L'ouragan est une tempête où des
vents furieux, venant à se rencontrer,
forment des tourbillons capables de ren-

verser tout ce qui se trouve sur leur passage.

Le serein se fait sentir le soir, et la
rosée le matin.

En s'élevant, le brouillard forme des
nuages.

La brume est un brouillard qu'on ob-
serve surtout en mer.

On donne le nom de Giboulée à une
pluie soudaine et de peu de durée, quelquefois mêlée de grêle.

Mots a épeler. — Eclair, tonnerre, foudre,
résineux, paratonnerre, vent, air, zéphyr,
bise, brise, tempête, ouragan, furieux, tour-
billon, serein, rosée, brouillard, nuage,
brume, giboulée, doux, glacé, violent, passage, soudain, souffler.

73. — Météores (*Suite*).

Une averse est une pluie subite et
abondante.

On appelle Ondée une grosse pluie
qui vient tout-à-coup et dure peu de
temps.

La bruine est une petite pluie froide,
très-fine et qui tombe lentement.

La gelée tue quelquefois les bourgeons de la vigne.

Le givre est un brouillard épais qui se glace en tombant, et s'attache aux arbres, aux buissons...

La neige est formée de toutes petites étoiles.

Le grésil est une menue grêle, très-blanche et fort dure.

Le givre et le grésil se nomment encore Frimas.

La pluie qui se glace en arrivant sur la terre, forme le verglas. Celle qui se gèle avant de toucher au sol, produit la grêle.

Il tombe quelquefois des grêlons qui pèsent une demi-livre.

Glisser sur la glace est un exercice fortifiant.

Certaines rivières sont dangereuses lorsqu'elles charrient des glaçons.

La gelée blanche est une rosée congelée.

Mots a épeler. — Averse, subit, abondant, pluie, ondée, bruine, gelée, givre, neige, étoile, grésil, frimas, verglas, grêle, grêlon, demi-livre , glisser , glace , exercice , fortifiant, glaçon , gelée blanche , lentement , épais , toucher.

74. — Ville, village.

Une réunion peu nombreuse de maisons habitées par des paysans, forme un hameau.

L'église , le temple , la mairie , sont d'ordinaire les principaux édifices d'un village.

Un bourg est un grand village où il se tient des marchés.

Une bourgade est un petit bourg , un village dont les maisons disséminées occupent un assez grand espace.

Certaines villes sont entourées de murs , de fossés.

On entend par Faubourg la partie d'une ville qui se trouve au-delà de ses portes et de son enceinte.

Quelquefois les faubourgs sont séparés de la ville par des promenades plantées d'arbres et qu'on nomme Boulevarts.

Les portes d'entrée de certaines villes prennent le nom de Barrières.

Dans les grandes villes, les rues et les ponts sont bordés de trottoirs pour la commodité des gens qui vont à pied.

L'endroit où se croisent plusieurs rues, plusieurs chemins, est un carrefour.

Un cul-de-sac est une rue sans issue, on l'appelle autrement Impasse.

Les ruelles sont de petites rues.

Les quais et les ponts sont généralement bordés de parapets pour empêcher de tomber dans l'eau.

Les hospices, les hôpitaux, les hôtels-Dieu, sont des établissements que la charité chrétienne a fondés en faveur des malades indigents.

Mots a épeler. — Hameau, réunion, paysan, église, temple, mairie, édifice, village, bourg. bourgade, ville, fossé, faubourg, enceinte, boulevart, barrière, rue, pont, trottoir, endroit, chemin, carrefour, cul-de-sac, impasse, ruelle, quai, parapet, hospice, hôpital, hôtel-Dieu.

75. — Ville, village *(Suite)*.

La principale église de la ville où réside un évêque est une cathédrale.

On nomme Synagogue le lieu où les Juifs s'assemblent pour l'exercice public de leur culte.

Un palais est une maison vaste, somptueuse, destinée à loger un grand personnage.

On nomme Palais de justice le lieu où les tribunaux rendent la justice.

Les grandes maisons prennent le nom d'Hôtel.

Les halles sont des places publiques, ordinairement couvertes, où se tiennent les marchés.

On dit, Le marché au blé, aux herbes, Le

marché aux bœufs, pour désigner l'endroit où l'on vend le blé, les herbes, les bœufs.

On entend par Bourse un édifice, un lieu public, où les négociants, les banquiers, les courtiers, se réunissent à certaines heures pour traiter d'affaires.

Le théâtre de Bordeaux passe pour un des plus beaux de la France.

Les casernes servent d'habitation aux soldats.

On place des corps-de-garde aux endroits où la présence des soldats peut être utile au maintien de l'ordre public.

La prison ne fait pas peur aux honnêtes gens.

Un abattoir est un bâtiment où l'on tue les bestiaux pour les boucheries.

Le cimetière se place toujours en dehors de la ville.

Mots a épeler. — Cathédrale, synagogue, culte, palais, vaste, somptueux, tribunal, hôtel, halle, place, marché, bourse, public, négociant, banquier, courtier, théâtre, caserne, soldat, habitation, corps-de-garde, prison, abattoir, boucherie, bestiaux, cimetière.

76. — Ouvriers en étoffes.

Le drapier, le tisserand, le taffetassier font des étoffes. La navette est un de leurs principaux outils.

Le toilier fabrique ou vend de la toile.

Le teinturier fait prendre aux étoffes une couleur différente de celle qu'elles avaient. — Pour teindre, on se sert surtout d'une cuve, d'une chaudière.

Les outils au moyen desquels on travaille les étoffes, sont : les ciseaux, l'aiguille, le dé, l'étui, le carreau, le passe-carreau, le fer à repasser...

Le tailleur fait les vêtements d'hommes.

La culottière et la giletière en font une partie.

La couturière fait les vêtements de femmes et d'enfants.

La lingère façonne la toile, la percale, la mousseline ; elle en fait des chemises, des cols, des mouchoirs.

La modiste fait des chapeaux, des capotes, des bonnets et certains ajustements qui servent à l'habillement des dames.

La brodeuse fait, à l'aiguille ou au crochet, des dessins sur une étoffe.

La raccommodeuse de dentelle remet en bon état la dentelle et les étoffes semblables.

Le tapissier travaille en toute sorte de meubles de tapisserie ou d'étoffe.

Le chapelier ne fabrique pas seulement des chapeaux de feutre ; il fait encore, avec certaines étoffes, toute sorte de coiffures pour homme.

MOTS A ÉPELER. — Etoffe, ouvrier, drapier, tisserand, taffetassier, navette, outil, toilier, fabriquer, teinturier, teindre, chaudière, ciseau, aiguille, dé, étui, carreau, passe-carreau, tailleur, culottière , giletière , couturière , lingère, modiste, brodeuse , crochet , raccommodeuse , tapissier , chapelier , feutre.

---

77. — Ouvriers en peau.

Le tanneur dépouille les peaux de leur poil , et les fait séjourner longtemps dans une grande fosse avec du tan. — Cette opération rend les cuirs plus solides et imperméables à l'eau. Les semelles de souliers n'en reçoivent pas d'autre.

Le corroyeur prend le cuir lorsqu'il est tanné. Il le ramollit , lui donne une épaisseur uniforme, le passe à l'huile, le met au suif , le teint et le lisse. — Ainsi préparé , le cuir est propre à une foule d'usages.

Le hongroyeur façonne les cuirs estimés, dits de Hongrie.

Le mégissier prépare les peaux blanches et les peaux de mouton et de veau qui doivent conserver leur poil.

Le pelletier accommode les peaux propres à faire des fourrures.

Le chamoiseur prépare les peaux dont on fait des gants, des culottes...

Le parcheminier convertit en parchemin les peaux de mouton , de brebis.

Les peaux, les cuirs préparés, se coupent avec le tranchet ou les ciseaux.

Pour coudre les cuirs de certaine épaisseur, les ouvriers s'aident d'une alène et emploient un fil enduit de poix , nommé Ligneul.

Le bottier, le cordonnier, le savetier, font ou raccommodent les chaussures. Il se servent d'un assez grand nombre d'outils. Nous nommerons, la forme, le tire-pied, la manique, le bisègle, l'astic, la pince, la râpe, la gouge...

Le bourrelier fait les harnais des chevaux et des bêtes de somme.

Les selles et les carrosses sont l'ouvrage du sellier et du carrossier.

Le relieur coud ensemble les feuillets d'un livre, et y met une couverture de maroquin, de veau, de basane, de parchemin, de toile ou de papier.

Mots a épeler. — Tanneur, fosse, cuir, peau, semelle, corroyeur, tanner, hongroyeur, mégissier, pelletier, fourrure, chamoiseur, parcheminier, tranchet, coudre, alène, ligneul, bottier, cordonnier, savetier, tire-pied, manique, bisègle, astic, râpe, gouge, bourrelier, harnais, sellier, carrossier, relieur, maroquin, basane, pince.

78. — Ouvriers en fer.

Le fer se travaille à chaud et à froid. — Pour le travailler à chaud, on le fait rougir dans la forge en excitant le feu à l'aide d'un gros soufflet. — On le saisit ensuite avec la pince et on le bat sur l'enclume avec le marteau.

Le fer chaud se coupe au moyen de la tranche.

La bigorne est un enclume à deux cornes ou bouts pointus.

On travaille le fer à froid au moyen de la lime, du burin, de l'étau.

Il y a des limes de formes et de noms différents. Par exemple, la queue de rat, dont le nom indique suffisamment la forme ; le tiers-point, qui sert à denter et à affûter les scies.

On coupe le métal en feuilles au moyen de gros ciseaux appelés Cisailles.

Le forgeron fabrique le fer.

Le maréchal forge les fers avec un gros marteau appelé Ferretier. Il coupe le sabot du cheval avec la bute. Il enfonce les clous avec le brochoir. Il rogne la pointe des clous avec les tenailles.

Les serrures, les gonds, les verrous, les loquets, les espagnolettes, les targettes…, sont l'ouvrage du serrurier.

Le taillandier fait des faux, des faucilles, des bêches.

Le coutelier fabrique une foule d'instruments tranchants, tels que les couteaux, les rasoirs, les ciseaux, les canifs, les grattoirs. Il repasse, il aiguise * les lames avec la meule. Il donne le fil aux rasoirs au moyen d'une pierre semblable à l'ardoise et qu'il recouvre d'huile.

Le cloutier fabrique des clous, des broquettes, des pointes.

---

* Prononcez *égu-ize.*

Le ferblantier fait des lanternes, des arrosoirs, des râpes à sucre et généralement les objets qu'on fabrique avec du fer-blanc.

Mots a épeler. — Forge, soufflet, enclume, marteau, tranche, bigorne, lime, burin, étau, tierspoint, denter, affûter, métal, cisailles, forgeron, maréchal, ferretier, bute, brochoir, tenaille, serrure, gond, verrou, loquet, targette, serrurier, taillandier, coutelier, repasser, aiguiser, meule, cloutier, clou, broquette, pointe, ferblantier, fer-blanc, espagnolette.

79. — Ouvriers en pierre.

Le carrier tire la pierre de la terre. Les outils dont il se sert dans son rude métier, sont : le pic, le coin de fer, la masse, le pistolet, la barre à mine, la pince...

La masse est un gros marteau de fer carré des deux côtés.

On commence la mine avec la masse et le pistolet. On l'achève avec la barre à mine, qui est beaucoup plus longue.

La pince est un gros levier de fer.

On sort la pierre de la carrière au moyen d'une roue particulière.

Le chaufournier fait cuire la pierre à chaux dans un four.

Le plâtrier fait cuire de même la pierre à plâtre.

Le paveur bat, enfonce les pavés avec la hie ou demoiselle.

Le tailleur de pierre et le sculpteur[*] mettent la pierre en œuvre. Leurs principaux outils sont : le marteau à pointe et à tranche, le marteau bretet ou à dents, la boucharde ou marteau à pointes de diamant, le maillet, le ciseau, la règle, le compas, la ripe, la fausse-équerre, appelée encore Sauterelle ou Beveau [1].

On met les grosses pierres en place à l'aide d'une grue ou d'une chèvre.

L'ouvrier chargé de diriger la pose des pierres est un poseur. — Le niveau et le fil à plomb sont nécessaires pour poser les pierres.

On appelle Bouloir ou Rabot l'instrument avec lequel on remue la chaux quand on l'éteint ou qu'on la mêle avec le sable.

Quelquefois le bouloir est formé d'un morceau de fer recourbé ; dans ce cas, on le nomme encore Houe.

Le manœuvre apporte le mortier avec l'oiseau, et en remplit l'auge du maçon.

Le maçon emploie le mortier avec la truelle.

Le marbrier se sert d'une scie sans dents pour refendre le marbre.

MOTS A ÉPELER. — Carrier, pierre, pic, coin, masse, pistolet, barre, levier, carrière, chaufournier, chaux, plâtrier, paveur, hie, demoiselle,

---

[*] Prononcez sculteur.

[1] Ou encore *béveau*, *biveau*, *beauveau*, *buveau*.

sculpteur, œuvre, bretet, boucharde, maillet, ciseau, ripe, fausse-équerre, sauterelle, beveau, grue, poseur, niveau, bouloir, houe, manœuvre, mortier, oiseau, mâçon, truelle, marbrier.

80. — **Ouvriers en bois**.

Le bûcheron abat les arbres avec la cognée et la scie. — On équarrit les troncs d'arbre avec la hache.

Les scieurs de long divisent en planches et en poutrelles le bois équarri. Ils se servent d'une très-grande scie dont la lame est placée au milieu de la monture,

Le charpentier travaille au comble des maisons. Il dresse, il aplanit le bois, soit avec l'herminette, soit avec le riflard, soit avec la besaiguë.

L'herminette est une hache à fer courbe. — Le riflard est une espèce de grand rabot à deux poignées. — La besaiguë est un outil de fer, tranchant par les deux bouts. L'un des bouts est en ciseau, l'autre en bec-d'âne.

Le charron fait des charrettes, des voitures, des tombereaux, des brouettes, des civières....

Il travaille les rais, les jantes des roues, à la plane, et perce le moyeu avec la tarière.

La cuillère sert au sabotier à creuser les sabots.

Le bois de chêne employé par les tonneliers se nomme Merrain.

Les principaux outils du tonnelier sont : la doloire, qui sert à unir le bois, à le réduire à l'épaisseur convenable ; la colombe, espèce de varlope en forme de banc ; la vrille, l'essette ou aissette [1], espèce d'herminette ; la gaffe, le chassoir, qui sert à faire descendre les cerceaux.

Le vannier divise dans leur longueur les branches d'osier au moyen du fendoir.

Le menuisier, l'ébéniste et le tourneur sont ceux des ouvriers en bois qui emploient le plus grand nombre d'outils. Nous citerons : le valet, la varlope, le rabot, le guillaume, le bouvet, le bec-d'âne, le trusquin, le sergent, le vilebrequin, le tour, le ciseau, la gouge, le fermoir ou ciseau à deux biseaux, le grain d'orge ou ciseau triangulaire,

Le boisselier fait des mesures de capacité pour les matières sèches, et divers ustensiles de bois servant au ménage.

Le tabletier fait des échiquiers, des trictracs, des billes et autres ouvrages d'ivoire, d'ébène.

Mots a épeler. — Bûcheron, cognée, hache, scie, équarrir, scieur de long, charpentier, herminette, riflard, besaiguë, poignée, charron, rais, jante, moyeu, tarière, civière, cuillère, sabotier, creuser, tonnelier, merrain, doloire, colombe, essette, gaffe, chassoir, vannier, fendoir, menuisier, ébéniste, tourneur, valet, varlope, rabot, guillaume, bouvet, bec-d'âne, trusquin, sergent,

---

1 Ou *aisseau.*

fermoir, biseau, boisselier, tabletier, ivoire, ébène.

---

81. — Ouvriers en divers métaux.

Les fondeurs de cuillères, les étameurs de casseroles, de fourchettes, sont presque tous Auvergnats.

Les chaudronniers fabriquent des ustensiles de cuivre rouge ou de laiton.

Le poêlier fait et pose des poêles, des calorifères, des cheminées à la prussienne.

Le fontainier ou fontenier fait et vend des fontaines de cuivre, de zinc, d'étain, de grès.

Le plombier façonne le plomb. Il en recouvre certains édifices. Il en fait des tuyaux de conduite.

Il ne faut pas confondre le pompier qui fait les pompes à puiser l'eau, avec celui qui fait agir les pompes à incendie.

Le potier d'étain fait de la vaisselle d'étain, des pompes à éclairage...

La plupart des horlogers ne s'occupent que de nettoyer, de réparer les montres, les horloges, les pendules.

Il y a des graveurs sur métal et des graveurs sur bois.

La gravure s'exécute en creux ou en relief.

Le burin est le principal outil du graveur en taille-douce.

L'épinglier fabrique des épingles, des camions.

Le monnayeur donne l'empreinte à la monnaie au moyen d'un balancier.

Le doreur applique de l'or moulu ou des feuilles d'or sur le bois, sur les métaux.

L'orfèvre fait toute sorte d'ouvrages d'or et d'argent.

Le joaillier travaille en joyaux, en pierreries.

Le bijoutier fait et vend des bijoux.

Le balancier fait et vend des poids et des balances.

L'aiguilletier * met des ferrets aux lacets.

Mots a épeler. — Fondeur, étameur, chaudronnier, cuivre, laiton, poêlier, fontainier, zinc, étain, grès, plombier, plomb, pompier, potier, horloger, montre, horloge, pendule, graveur, creux, relief, taille-douce, épinglier, monnayeur, empreinte, monnaie, balancier, doreur, orfèvre, joailler, joyau, pierrerie, bijoutier, balancier, poids, balance, aiguilletier, ferret, lacet.

82. — Artisans qui préparent les aliments.

Le meûnier réduit le grain en farine avec son moulin, que le vent ou l'eau met en mouvement.

On donnait autrefois au pain la forme d'une

* Prononcez l'u.

boule. — De là est venu le mot de Boulanger.

Le boulanger travaille la pâte dans le pétrin. Il la divise à l'aide du coupe-pâte. Il nettoie le four avec le fourgon et l'écouvillon. Il enfourne avec la pelle. Il éteint la braise dans l'étouffoir.

Le fournier tient un four public, et y fait cuire le pain.

Le pâtissier fait des pâtés, des tourtes, des tartes, des biscuits.

Le boucher abat les bœufs avec un maillet de fer.

Le charcutier est ainsi nommé parce qu'il vend de la chair cuite.

Le rôtisseur vend des viandes rôties ou prêtes à rôtir.

Le cuisinier prépare les mets.

Le marmiton est un valet de cuisine.

Le restaurateur vend des mets tout préparés.

Le chocolatier fabrique le chocolat.

Le confiseur fait des confitures, des conserves, des dragées...

L'artisan chargé d'épurer le sucre brut se nomme Raffineur.

Le cafetier et le limonadier font et vendent du café, des glaces, de la limonade, des sorbets, du punch *...

Le brasseur fabrique la bière.

Le distillateur fabrique toute sorte d'eaux, d'essences, d'huiles.

---

* Prononcez *ponche*.

Le liquoriste est un distillateur qui fait des liqueurs.

Mots a épeler. — Meûnier, moulin, boulanger, pétrin, coupe-pâte, fourgon, écouvillon, pelle, étouffoir, fournier, pâtissier, boucher, charcutier, rôtisseur, cuisinier, marmiton, restaurateur, chocolatier, confiseur, conserve, artisan, épurer, raffineur, cafetier, limonadier, punch, brasseur, distillateur, liquoriste.

83. — Artisans divers.

Le tuilier fait des briques, de la tuile, des carreaux pour le pavage.

Le potier façonne avec de l'argile, des assiettes, des plats, des jattes, des bassins, des terrines, des tirelires, des vases de toute sorte.

Le verrier se sert d'une sorte de tube pour faire les bouteilles...

Le vitrier divise le verre à l'aide d'un petit diamant fixé à un manche.

Le peintre en bâtiment applique sur les portes, les volets... une couleur à la colle, à l'huile, ou au vernis.

Le miroitier fait et répare les miroirs, les glaces.

L'opticien fait des lunettes, des loupes, des microscopes.

L'émailleur se sert d'une lampe dont la flamme est excitée par un soufflet.

Le chandelier fabrique les chandelles au

moule ou à la baguette. On fait les chandelles à la baguette en plongeant à plusieurs reprises les mèches dans le suif fondu, et en laissant refroidir à mesure.

Le cirier fait des cierges.

Le cordier file des cordes, des ficelles, des câbles.

Le brossier fabrique des brosses, des balais de crin, des pinceaux, des plumeaux, des têtes de loup...

Les ouvriers qui font le carton ou qui le mettent en œuvre sont des cartonniers.

Les imprimeurs à qui nous devons l'impression de nos livres, sont encore appelé Typographes.

Le lithographe écrit ou dessine sur des planches de pierre, soit avec un crayon de certaine composition, soit avec une encre grasse. Ces planches lui servent ensuite à imprimer.

MOTS A ÉPELER. —Tuilier, argile, jatte, bassin, terrine, tirelire, vase, verrier, tube, vitrier, diamant, verre, peintre, colle, vernis, miroitier, miroir, opticien, lunette, loupe, microscope, émailleur, chandelier, baguette, refroidir, cirier, cierge, cordier, ficelle, câble, brossier, pinceau, plumeau, cartonnier, imprimeur, typographe, lithographe.

84. — Etoffes.

On fait des étoffes avec du fil de chanvre, de lin, avec du coton, de la soie, du crin, du duvet de cygne, du poil de chèvre, de l'amiante, et même avec des filaments soyeux fournis par une sorte de coquillage.

On entend par la Chaîne d'une étoffe, les fils qui en forment la longueur. — La trame est le fil qu'on introduit au moyen de la navette dans ceux de la chaîne.

Certaines étoffes tissées comme la toile prennent elles-mêmes le nom de Toiles.

La crétonne est une sorte de toile blanche très-forte.

On se sert de canevas pour faire la tapisserie. C'est aussi avec un morceau de canevas que les petites filles apprennent à marquer.

Le bougran est une grosse toile gommée dont les tailleurs se servent pour mettre dans les gilets.

La plupart des coutils ont des raies blanches et bleues. On sait que ces étoffes sont surtout employées à faire des lits de plumes, des taies d'oreiller, des tentes...

La batiste et le linon sont deux toiles de lin très-fines et tissées avec le même fil. Elles diffèrent toutefois l'une de l'autre, en ce que le tissu du linon est beaucoup plus clair que celui de la batiste.

La batiste d'Ecosse se fait avec du coton.

La dentelle est ordinairement de fil. Elle est ainsi nommée parce que les premières qu'on a faites étaient dentelées.

La maline et la valencienne sont des dentelles

très-fines qui tirent leur nom du pays où on les fabriquait originairement.

On entend par Points certaines dentelles faites à l'aiguille, et qui reçoivent diverses dénominations selon le lieu où elles sont fabriquées.

Mots a épeler. — Cygne, filament, soyeux, chaîne, trame, tisser, toile, crétonne, canevas, tapisserie, marquer, bougran, batiste, linon, tissu, clair, Ecosse, dentelle, denteler, maline, valencienne, point, coutil, tente, morceau.

85. — Etoffes (*Suite*).

En général, on désigne sous le nom de Cotonnades les étoffes de coton.

Le nankin est une cotonnade jaune-chamois qui se fabrique à Nankin, ville de la Chine, et qui est imitée aux Indes et en Europe.

La mousseline se tirait autrefois d'une ville d'Asie, appelée Mossoul ou Moussoul.

La percale est plus serrée, plus forte que la mousseline. Elle se fabriquait originairement dans les Indes.

Le calicot et le madapolame sont des toiles moins fines que la percale. On en fait des chemises...

Le nom d'Indienne, qu'on donne aux toiles de coton peintes, fait assez connaître l'origine de ces sortes d'étoffes.

La lustrine est une étoffe de coton lustrée. On s'en sert principalement pour faire des doublures.

La percaline est plus claire que la lustrine ; elle sert au même usage.

La futaine est une étoffe de fil et de coton. On fait des futaines à poil.

Le basin est aussi une étoffe de fil et de coton. On le reconnaît aisément aux côtes que présente son tissu.

Le piqué sert principalement à faire des gilets.

Le tulle se fabrique sur un métier semblable aux métiers à bas.

La finette est une étoffe de coton croisée, fort moelleuse.

Le molleton est une étoffe douce, chaude et mollette, tirée à poil, et dont on fait des gilets, des camisoles, des couvertures.

MOTS A ÉPELER. — Cotonnade, nankin, chamois, Europe, mousseline, Asie, calicot, madapolame, percale, indienne, lustrine, doublure, percaline, futaine, basin, piqué, tulle, finette, molleton, moelleux, imiter, autrefois, origine, clair, métier.

86. — Etoffes (Suite).

Les draps de France les plus renommés sont ceux de Sedan, de Louviers, d'Elbeuf...

Le casimir est une sorte de drap croisé, mince et fin.

La castorine est une étoffe de laine légère et soyeuse.

La ratine se distingue des autres draps par son poil frisé de manière à former comme de petits grains.

L'alpaga est une étoffe très-épaisse et à longs poils que l'on a fabriquée d'abord avec la laine d'un animal du même nom.

La bure et le burat sont des draps grossiers.

Le droguet, qui se fait avec de la laine et du fil, est aussi une étoffe fort commune.

La tiretaine, espèce de droguet, est plus grossière encore.

La moquette est une étoffe veloutée en laine, dont on fait des tapis.

On porte aujourd'hui beaucoup de gilets de flanelle.

Les premiers mérinos se sont faits avec la laine d'un mouton d'Espagne appelé lui-même Mérinos.

Quoiqu'il se tisse comme le mérinos, l'escot lui est bien inférieur en qualité.

La napolitaine n'est pas croisée comme le mérinos et l'escot.

La serge est une étoffe de laine croisée, et assez commune.

Le barége est un tissu de laine, léger et non croisé, servant à faire des châles, des robes....

Le vrai cachemire se fait avec le poil des chèvres ou des moutons du Petit-Thibet.

Le crêpe noir s'emploie souvent en signe de deuil.

On ne connaît guère aujourd'hui l'étoffe légère et non croisée appelée Etamine.

La tamise est une étoffe de laine, sèche et lustrée.

Mots a épeler. — Drap, Sedan, Louviers, Elbeuf, casimir, mince, castorine, ratine, frisé, alpaga, bure, burat, droguet, tiretaine, moquette, velouté, flanelle, mérinos, escot, napolitaine, serge, barége, cachemire, Thibet, crêpe, deuil, étamine, tamise.

87. — **Etoffes** (*Suite*).

La levantine est une étoffe de soie tout unie dont on fait des robes.

Le satin est la plus douce, la plus moelleuse des étoffes de soie.

Le taffetas se tisse comme la toile.

Les premiers foulards sont venus des Indes.

Le damas est une espèce de satin à fleurs et à deux envers, qui se fabriquait originairement à Damas, en Syrie.

Le gros de Naples, le gros de Tours, sont des étoffes de soie un peu fortes qu'on fait à Naples, à Tours.

Le pou-de-soie a quelque ressemblance avec le gros de Naples.

La gaze est une étoffe très-fine et très-claire en soie.

Les dentelles de soie se nomment Blondes.

Les madras sont des fichus de soie et de coton qui se sont fabriqués d'abord à Madras, ville des Indes.

L'alépine et la popeline sont des étoffes de laine et de soie.

On fait du velours avec de la soie, du coton, de la laine.

Le velours de laine est connu sous le nom de Velours d'Utrecht, et ne sert qu'à faire des meubles.

La panne a le poil plus long et moins serré que le velours.

On fait de la panne avec de la soie, du fil, du coton, du poil de chèvre.

La peluche ou pluche s'emploie principalement comme doublure. On en fait aussi des chapeaux de dame.

Le camelot est une sorte d'étoffe de poil de chèvre ou de laine mêlés quelquefois de soie en trame. Il n'est plus de mode aujourd'hui.

Le bouracan est un gros camelot employé principalement pour des manteaux destinés à préserver de la pluie en voyage.

Mots a épeler. — Levantine, satin, taffetas, foulard, damas, gros, Naples, Tours, pou-de-soie, gaze, blonde, madras, alépine, popeline, velours, panne, peluche, camelot, bouracan, Inde, envers, ressemblance, d'abord, aujourd'hui.

88. — Voitures.

En général, on entend par Voiture ce qui sert au transport des personnes, des marchandises.

On nomme Ridelles les espèces de râteliers qui se placent de chaque côté d'une charrette.

Le câble qui sert à maintenir les fardeaux sur la charrette s'appelle Liure.

Les bâtons mobiles qu'on attache sous les charettes au moyen d'anneaux de fer sont des chambrières.

Le cheval qu'on met aux limons se nomme Limonnier.

La charrette à bras n'est propre qu'à transporter de légers fardeaux.

On graisse les essieux des voitures avec du vieux oing. — Quand l'oing est devenu noir par le mouvement des roues, il se nomme Cambouis.

Le tombereau sert à porter de la boue, du sable, des pierres, de la terre...

Un camion est une petite charrette ordinairement traînée par un cheval ou par deux hommes.

La brouette n'a qu'une roue.

Le haquet est une charrette étroite, longue, sans ridelles, et qui fait la bascule quand on veut. Il sert à voiturer du vin.

On appelle Diable une petite voiture à deux roues fort basses dont les maçons se servent pour transporter les pierres, les poutres.

Le chariot est une charrette à quatre roues.

Le fourgon est une espèce de chariot couvert.

Dans certaines villes, on fait les déménagements au moyen de grandes voitures appelées Tapissières.

Mots a épeler. — Voiture, transport, marchandise, charrette, ridelle, liure, chambrière, bâton, anneau, limon, limonnier, fardeau, essieu, oing, cambouis, tombereau, camion, brouette, haquet, bascule, diable, chariot, fourgon, tapissière, traîner, déménagement.

---

89. — **Voitures** *(Suite)*.

Une voiture longue, légère et garnie de bancs, est un char-à-bancs.

Le traîneau, sorte de voiture sans roues, sert principalement pour aller sur la neige et sur la glace.

Les pataches sont des voitures publiques non suspendues. --- Certains bâtiments, certaines barques, portent aussi le nom de Pataches.

La carriole est une petite charrette couverte et ordinairement suspendue.

La plupart des voitures à quatre roues ont un timon au lieu de limons.

Des omnibus sillonnent Paris dans tous les sens.

Sur les places et dans certaines rues de grandes villes, on trouve des espèces de carrosses de louage appelés Fiacres.

On distingue ordinairement dans une diligence, le coupé, l'intérieur, la rotonde et l'impériale.

Le coupé se trouve sur le devant. Son nom lui vient de sa ressemblance avec une sorte de voiture appelée Coupé.

L'intérieur occupe le milieu de la diligence.

La rotonde est le derrière de la voiture.

L'impériale est au-dessus du coupé.

Parmi les gens qui roulent carrosse, il en est peu qui soient aussi heureux qu'on pense.

La berline est une voiture suspendue à deux fonds et à quatre roues.

MOTS A ÉPELER. — Char-à-bancs, traîneau, patache, suspendu, carriole, timon, omnibus, fiacre, diligence, coupé, intérieur, rotonde, impériale, derrière, dessus, rouler, carrosse, berline, bâtiment, plupart, louage, devant, heureux, fond, roue.

90. — **Voitures** (*Suite*).

Le cabriolet et la calèche sont des voitures légères qui se couvrent et se découvrent à volonté. — Le cabriolet a deux roues; la calèche en a quatre.

Le dessus d'une calèche, d'un cabriolet, se nomme Capote ou Soufflet. Ce dernier nom lui vient de ce qu'il se replie à la manière d'un soufflet.

Le tilbury est une espèce de cabriolet fort léger et ordinairement découvert, privé de capote.

Le landau est une voiture à quatre roues dont le dessus est formé de deux soufflets qui se replient en sens contraire.

Certaines voitures légères et qui ne servent que pour une ou deux personnes prennent le nom de Chaises.

La chaise à porteur est un siége fermé et couvert dans lequel on se fait porter par deux hommes.

Une litière est une espèce de voiture ou chaise portée sur deux brancards par deux mulets, l'un devant, l'autre derrière.

Dans l'Inde et à la Chine, les personnes considérables se font porter dans un palanquin. C'est une sorte de chaise, de litière, que des hommes portent sur leurs épaules.

Les chariots qui vont sur les chemins de fer se nomment Wagons.

La machine qui met les wagons en mouvement s'appelle Machine locomotive ou simplement Locomotive.

Le corbillard sert à transporter les morts au lieu de leur sépulture.

Mots a épeler. — Cabriolet, calèche, capote, tilbury, landau, soufflet, chaise, porteur, litière, brancard, palanquin, wagon, machine, locomotive, corbillard, sépulture, replier, découvert, contraire, siége, considérable, chemin, mouvement, simplement.

91. — Voitures (*Suite*).

La boussole sert à guider la marche des vaisseaux.

La carène est la partie du navire qui plonge dans l'eau.

La poupe est l'arrière, et la proue, l'avant du navire.

On entend par Tribord le côté droit vu de la poupe, et par Babord, le côté gauche.

On dit qu'un navire est Bon voilier, quand il va bien à la voile.

Une barque est un petit bâtiment pour aller sur l'eau.

Le bateau est une espèce de barque dont on se sert sur les rivières.

Certains bateaux vont à rames, d'autres sont mus par la vapeur.

On appelle Bac un grand bateau plat, destiné à passer les animaux, les voitures, les charrettes..., d'un bord de la rivière à l'autre, au moyen d'une corde qui la traverse. Cette corde se nomme Traille. On donne quelquefois ce nom au bac lui-même.

Le paquebot est un petit bâtiment de mer qui va et vient d'un pays à un autre pour transporter des lettres et des passagers.

On entend par Radeau un assemblage de pièces de bois liées ensemble et formant une sorte de plancher dont on se sert quelquefois pour porter sur l'eau des hommes, des chevaux, des marchandises.

Le yacht * est un bâtiment de luxe disposé comme une petite maison et servant principalement à la promenade. Les yachts sont fort communs en Angleterre et en Hollande.

On appelle Gondole un bateau plat, léger et

---

* Prononcez *Yac*.

fort long, au milieu duquel se trouve une cabine ornée avec plus ou moins d'élégance. Les gondoles sont particulièrement en usage à Venise pour naviguer sur les canaux qui sillonnent la ville.

Mots a épeler. — Boussole, vaisseau, carène, poupe, proue, avant, arrière, tribord, babord, navire, voilier, voile, barque, bateau, rame, vapeur, bac, traille, paquebot, passager, radeau, plancher, yacht, luxe, Angleterre, gondole, cabine, Venise, canal,

92. — **Maladies, infirmités**.

Celui qui travaille avec plaisir, qui mène une vie frugale, et qui ne se laisse pas maîtriser par les passions, ne connaît guère les maladies.

La plupart des maladies sont accompagnées de fièvre.

Un refroidissement trop subit peut causer une fluxion de poitrine.

La pleurésie s'annonce par une douleur au côté. — L'usage d'une boisson trop fraîche, quand on est en sueur, peut déterminer cette dangereuse maladie.

La Phthisie attaque ordinairement les poumons. On en guérit assez difficilement.

L'apoplexie est ce qu'on nomme vulgairement un Coup de sang.

Les personnes d'âge sont, plus que les autres, exposées à être atteintes de paralysie.

Il est très-imprudent d'exposer à l'air une personne atteinte de la rougeole [1] ou de la petite vérole.

Une grande frayeur cause parfois la jaunisse.

L'épilepsie [2] appelée encore Mal caduc, Haut mal, peut avoir une cause semblable.

La vapeur du charbon peut faire tomber en asphyxie.

On doit priver de nourriture les enfants qui ont la diarrhée. La diarrhée peut dégénérer en dyssenterie ou flux* de sang, et le flux de sang peut causer la mort.

Le croup**, qui atteint particulièrement les enfants, est une maladie des plus dangereuses et qui nécessite la prompte arrivée du médecin.

MOTS A ÉPELER.— Maladie, fièvre, fluxion, pleurésie, phthisie, poumon, apoplexie, paralysie, rougeole, petite vérole, jaunisse, épilepsie, mal caduc, asphyxie, diarrhée, dyssenterie, flux, croup, médecin, maîtriser, refroidissement, douleur, sueur, frayeur, dégénérer.

93. — Maladies, infirmités *(Suite)*.

La gale se manifeste par de petits boutons blancs qui naissent aux plis des articulations et qui causent une démangeaison insupportable. Ces boutons sont dus à des insectes très-petits

---

1 *Sénépiou, sénépon.* — 2 *Maou dé la tèro.*
* Prononcez *Flu.* — ** *Croupe.*

qui s'enfoncent dans la peau et qui pullulent avec une incroyable rapidité.

Les eaux minérales qui sentent les œufs couvis ont la propriété de guérir les dartres.

Pendant les grandes chaleurs, la peau se couvre parfois d'échauboulures[1] qui causent un picotement assez désagréable.

La malpropreté favorise le développement de la teigne[2].

On entend par hémorragie une perte de sang.

La coqueluche occasionne une toux * très-fatigante.

Les rhumes et les catarrhes sont fréquents en hiver. C'est aussi pendant cette saison surtout que se font sentir les rhumatismes. Il en est de même de l'asthme.

Le froid aux pieds cause parfois la colique.

L'eau froide est le meilleur remède contre la brûlure. On s'en sert aussi pour guérir les entorses, les foulures, les coupures, les meurtrissures, les contusions.

Le furoncle ou clou n'est pas dangereux, mais il cause souvent des douleurs bien vives que l'on parvient à calmer à l'aide de cataplasmes.

La migraine est ainsi nommée de ce qu'elle se fait sentir dans la moitié de la tête.

Un grand nombre de vieillards sont atteints de surdité.

---

1 *Cambrieul, coumbriol.* — 2 *Rasclo, rascou.*

* Prononcez *Tou.*

Mots a épeler.— Gale, bouton, démangeaison, dartre, échauboulure, picotement, teigne, hémorragie, coqueluche, toux, rhume, catarrhe, rhumathisme, asthme, colique, brûlure, remède, entorse, foulure, coupure, meurtrissure, contusion, furoncle, clou, cataplasme, migraine, surdité.

94. — Maladies, infirmités (Suite).

L'orgelet ou orgeolet, ce petit bouton qui vient parfois aux paupières, tire son nom de sa ressemblance avec un grain d'orge.

La cécité est la privation de la vue.

Les aveugles se font ordinairement conduire par un chien.

Le borgne ne voit que d'un œil.

On parvient aisément à enseigner à lire et à écrire aux sourds-muets.

Un morceau d'étoffe de laine autour du cou suffit parfois pour guérir une esquinancie.

Les enfants qui se tiennent mal en écrivant s'exposent à devenir bossus.

Lorsqu'un os est déboîté, on dit qu'il y a Luxation; quand il est rompu, on dit qu'il y a Fracture. --- La fracture d'un membre en entraîne quelquefois l'amputation.

On appelle Manchot celui qui est estropié ou privé de la main ou du bras.

C'est ordinairement au froid et à la sécheresse de l'air que sont dues les crevasses, les gerçures[1], qui viennent aux lèvres, aux mains, aux pieds.

Le chaud guérit les engelures.

Le panaris se nomme autrement Mal d'aventure.

La goutte est un mal incurable.

On abrége souvent la durée des crampes en frictionnant les membres qui en sont affectés.

Le bancal a les jambes tortues.

Le boiteux fatigue beaucoup en marchant.

Ceux qui ont les jambes malades ou trop faibles marchent avec des béquilles [2].

MOTS A ÉPELER. — Orgelet, orgeolet, cécité, privation, aveugle, borgne, sourd-muet, esquinancie, bossu, luxation, fracture, amputation, manchot, estropié, gerçure, engelure, panaris, goutte, incurable, crampe, frictionner, bancal, tortu, boiteux, béquille, fatiguer, faible.

---

95. — Vertus, sentiments, qualités.

La bonté de Dieu est infinie.

Rien n'est beau comme la vérité.

La piété est la première des vertus.

Que de reconnaissance nous devons au Seigneur pour les bienfaits que sa providence répand sur nous !

La foi, l'espérance et la charité sont des vertus chrétiennes.

---

1 *Esclato.* — 2 *Crosso.*

Les enfants doivent à leurs parents respect, amour, obéissance.

Ayez pitié du malheureux qui vous implore.

L'aumône faite de bon cœur est toujours agréable à Dieu.

C'est manquer d'humanité que de faire souffrir les animaux sans nécessité.

Il est bon d'avoir de l'obligeance pour les autres, même quand on sait qu'ils seront ingrats.

Aimez vos maîtres, qui sont pleins de bienveillance pour vous.

Avec de la douceur et un peu de complaisance, on se fait aisément aimer de ses condisciples.

Chacun de nous a besoin de l'indulgence des autres : personne n'est sans défaut.

Pour obtenir le pardon de ses fautes, il faut d'abord s'en repentir.

Quelle est la mère qui manque de tendresse pour ses enfants ?

L'amitié qui naît sur les bancs de l'école dure quelquefois toute la vie.

Quand on bâille devant quelqu'un, la politesse exige qu'on mette la main devant sa bouche.

Mots a épeler. — Bonté, vérité, piété, vertu, qualité, reconnaissance, providence, foi, espérance, charité, chrétien, obéissance, respect, amour, pitié, aumône, humanité, obligeance, bienveillance, douceur, complaisance, indulgence, repentir, pardon, tendresse, amitié, politesse.

96. — **Vertus, qualités** *(Suite)*.

La modestie et la pudeur sont la plus belle parure d'une jeune personne.

La candeur est la pureté de l'âme.

Les femmes ont meilleur cœur, sont douées de plus de sensibilité que les hommes.

En écoutant le démon, Adam et Eve perdirent l'innocence.

Un enfant a de la sagesse quand il se montre docile et studieux.

L'aménité consiste dans la douceur, la politesse, et certaine grâce dans les manières.

La propreté est plus qu'une qualité, c'est une vertu.

Assigner une place à chaque chose et mettre chaque chose à sa place, cela s'appelle Avoir de l'ordre.

L'ouvrier qui manque d'économie s'en repent souvent avant ses vieux jours.

La sobriété consiste à ne prendre d'aliments que la quantité nécessaire pour vivre.

Sans l'application, les progrès deviennent impossibles.

Chercher à atteindre les autres ou à les surpasser, c'est montrer de l'émulation.

Que de fois les enfants mettent à l'épreuve la patience de leurs parents, de leurs maîtres!

Il faut beaucoup de prudence pour marcher sur le bord d'un précipice.

L'homme religieux supporte ses douleurs avec courage.

Mots a épeler. — Modestie, pudeur, candeur, pureté, sensibilité, innocence, sagesse, docile, studieux, aménité, grâce, manière, propreté, ordre, économie, sobriété, application, progrès, émulation, patience, providence, courage, parure, meilleur, assigner, atteindre.

97. — Vices, défauts.

Jurer le saint nom de Dieu est un blasphème, une impiété.

Que votre bouche ne s'ouvre jamais pour dire un mensonge.

Fuyez avec horreur la médisance et la calomnie.

L'ingratitude est l'indice d'un mauvais cœur.

La désobéissance est un des défauts qui déparent le plus un enfant.

L'envie porta Caïn à tuer son frère Abel.

La jalousie ne doit jamais exister entre frères et sœurs.

Il y a méchanceté à faire du mal aux autres pour le seul plaisir de le faire.

Nuire avec intention à la propriété d'autrui, c'est malveillance.

On voit des enfants assommer à coups de pierre des chiens, des chats, et rire des cris que poussent ces pauvres bêtes: Dieu les punira un jour de leur cruauté.

C'est montrer de la brutalité que de frapper avec colère et sans ménagement les animaux dont on se sert.

Il y a orgueil à se croire meilleur ou plus instruit que les autres.

Se curer les dents devant quelqu'un est une impolitesse.

La grossièreté déplaît à tout le monde.

L'effronterie annonce d'ordinaire une mauvaise éducation.

On a de l'égoïsme quand on se préfère aux autres.

Les écoliers paresseux s'exposent à rester dans l'ignorance.

MOTS A ÉPELER. — Jurer, blasphème, impiété, mensonge, calomnie, médisance, horreur, ingratitude, désobéissance, défaut, vice, envie, jalousie, méchanceté, malveillance, nuire, assommer, cruauté, brutalité, frapper, orgueil, impolitesse, grossièreté, effronterie, égoïsme, ignorance.

98. — Vices, défauts *(Suite)*.

La paresse nous conseille toujours de remettre au lendemain ce que nous pouvons faire le jour même.

La gourmandise nuit à la santé.

L'ivrognerie dégrade l'homme.

Celui qui se laisse emporter par la colère n'est plus maître de lui.

L'économie tient le milieu entre l'avarice et la prodigalité. Le prodigue dépense trop, l'avare pas assez, l'économe dépense ce qu'il faut, rien de plus, rien de moins.

On voit souvent ensemble la fainéantise et la saleté.

Evitez la malpropreté sur vous, dans vos livres, dans vos cahiers.

Certaines gens ignorants croient les poux nécessaires à la santé. C'est un dégoûtant préjugé.

— D'autres craignent d'entreprendre un voyage le vendredi, ou de se trouver treize à table. Ce sont des superstitions que la religion condamne.

On voit peu d'enfants chercher à se corriger de leur légèreté.

C'est une bien grande imprudence que de jouer avec le feu.

Avec de l'indolence, de la nonchalance, on ne saurait faire une bonne femme de ménage.

La poltronnerie nous montre souvent du danger là où il n'y en a pas.

C'est mal comprendre le bonheur des enfants que de céder à leurs caprices.

MOTS A ÉPELER. — Paresse, lendemain, gourmandise, santé, ivrognerie, colère, avarice, prodigalité, dépenser, fainéantise, saleté, malpropreté, préjugé, dégoûtant, superstition, légèreté, imprudence, indolence, nonchalance, poltronnerie, caprice, conseiller, dégrader, voyage, vendredi, treize, condamner.

FIN.

TABLE.

FIN DE LA TABLE.

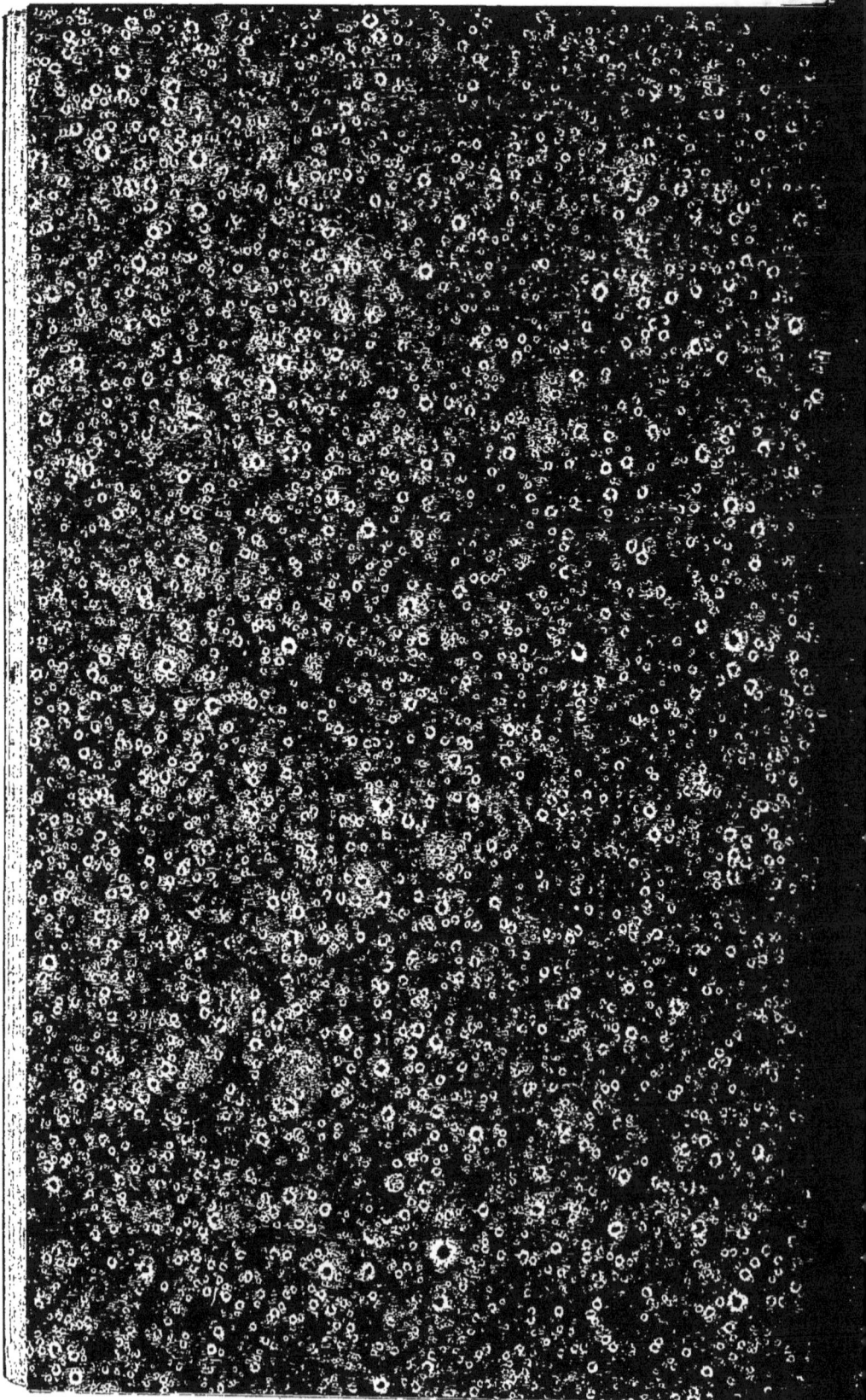

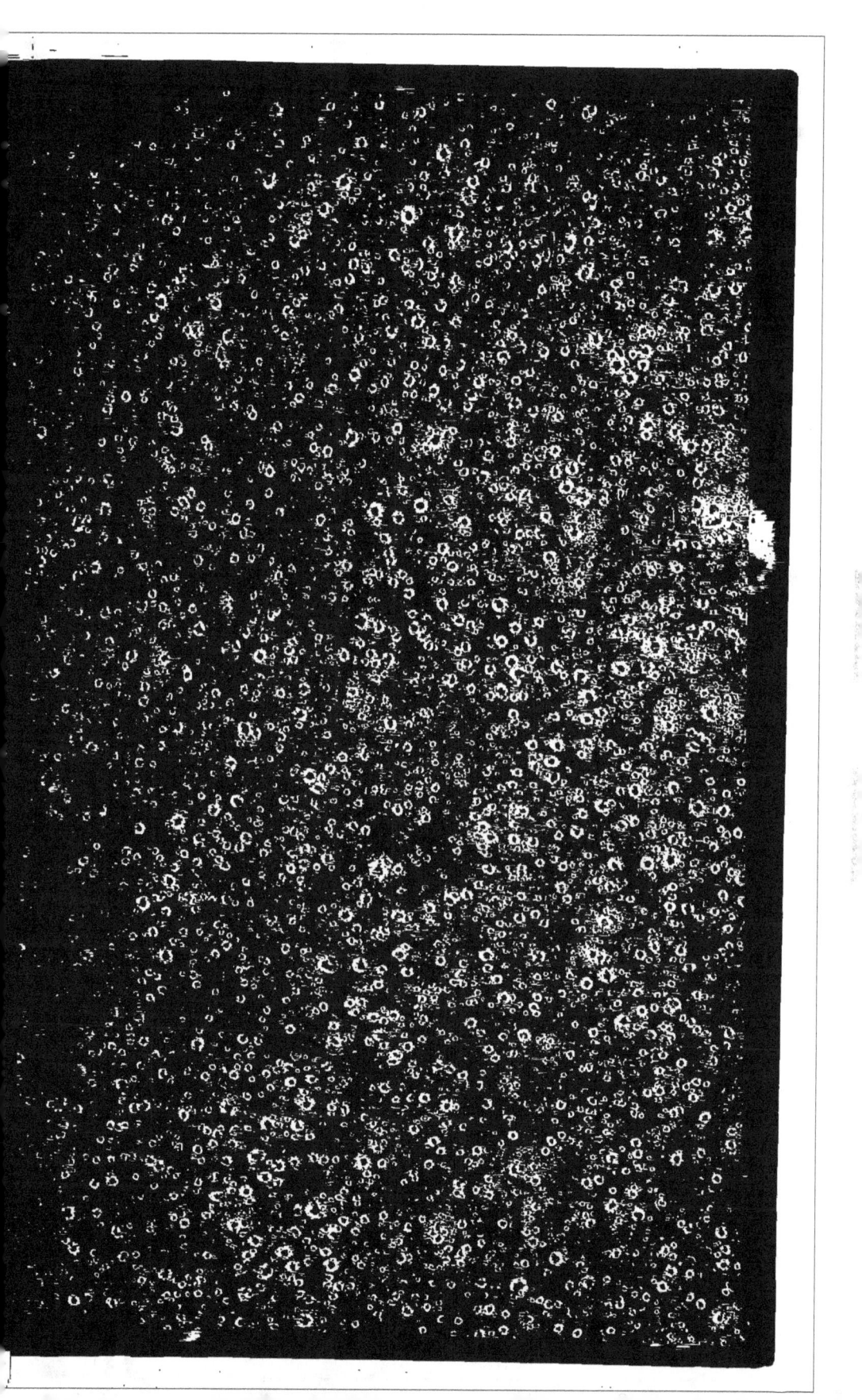

www.ingramcontent.com/pod-product-compliance
Lightning Source LLC
Chambersburg PA
CBHW072242270326
41930CB00010B/2232